浙江省社科联社科普及课题成果（22KPD09YB）
衢州学院新技术应用通识课程成果（XJSKC202009）
衢州学院申硕重点建设项目成果

Southern Confucianism
Culture

主　编　林菊叶
副主编　赵金贞

南孔儒学文化

上海交通大学出版社
SHANGHAI JIAO TONG UNIVERSITY PRESS

内容提要

本书重点讲述南孔的历史，提炼南孔儒学文化，使南孔从孔庙走出来，让读者了解孔氏南宗家庙、中国儒学馆，普及、传承和弘扬南孔儒学文化。本书挖掘南孔儒学文化的育人元素，落实高校立德树人的教育任务，有效服务浙江省衢州市的经贸活动，特别是一年一度的衢州市纪念孔子诞辰周年祭祀典礼和"一带一路"衢州市国际经贸合作活动，为服务地方区域经济做出贡献。本书适用于高校英语专业选修课和非英语专业拓展课的大学生使用，同时也适合来华短期学习的外国留学生使用。

图书在版编目(CIP)数据

南孔儒学文化：英文 / 林菊叶主编. —上海：上海交通大学出版社,2022.12
ISBN 978 - 7 - 313 - 27930 - 9

Ⅰ.①南… Ⅱ.①林… Ⅲ.①孔丘(前551-前479)
－家族－研究－英文 Ⅳ.①K820.9

中国版本图书馆 CIP 数据核字(2022)第 213173 号

南孔儒学文化
NANKONG RUXUE WENHUA

主　　编：林菊叶
出版发行：上海交通大学出版社　　　　地　　址：上海市番禺路 951 号
邮政编码：200030　　　　　　　　　　电　　话：021 - 64071208
印　　制：常熟市文化印刷有限公司　　经　　销：全国新华书店
开　　本：787 mm×1092 mm　1/16　　印　　张：6.75
字　　数：106 千字
版　　次：2022 年 12 月第 1 版　　　　印　　次：2022 年 12 月第 1 次印刷
书　　号：ISBN 978 - 7 - 313 - 27930 - 9
定　　价：39.00 元

浙江省衢州市是一座历史文化名城，是南孔文化的发源地，是儒学文化在江南的传播中心。南孔文化是衢州最具识别度的标志，让南孔文化从孔庙、儒家典籍和学术中走出来，更好地融入衢州古城建设，打造传承、复兴儒学的精神高地，是"南孔圣地"衢州在新时代的新使命。

本书着眼传统历史文化，立足地方特色文化，面向全国，放眼世界，由热爱中国文化的学术团队编写。习近平总书记指出："中华优秀传统文化是中华民族的精神命脉，是涵养社会主义核心价值观的重要源泉，也是我们在世界文化激荡中站稳脚跟的坚实根基。"2005 年 9 月 6 日，时任浙江省委书记习近平第五次到衢州视察时提出"让南孔文化重重落地"的嘱托。之后，衢州市委、市政府提出了打响"南孔圣地，衢州有礼"城市品牌，打造"一座最有礼的城市"的新目标，为衢州城市精神赋予新的内涵。本书的编撰是落实与践行习近平总书记关于衢州"让南孔文化重重落地"指示的具体行动，旨在大力弘扬南孔儒学文化，让南孔文化更好地融入当代人的生活与学习，增强南孔文化和国家文化的软实力，凝聚人心，形成共识，促进地区和谐发展。

本书紧扣时代文化热点，从历史、政治、经济、文娱等角度呈现衢州儒学文化，在建构内容体系、探索创作、编排等方面均凸显了衢州南孔儒学文化的基本常识和核心精神，力求达到基调上的文学性和可读性、质量上的知识性和学术性、路径上的渐进性和互动性、目标上的生动性和形象性。内容涵盖衢州市的概况、历史文化底蕴，孔氏南宗家庙的渊源、南孔儒学文化的内涵，衢州的宣传语、城市名片和南孔书屋,以期彰显孔氏南宗的文化精神和时代意义,助力衢州市委、市政府打造一座历史之城、现代之城、未来之城,带动周边四省边际城市发展,建设一个共建共享、融通融合、开放开发的共同体,最终实现让中国了解浙江衢州,让世界知道衢州,提升中国衢州文化软实力的目标。

本书深入浅出,启迪心灵,能够提升青年人的政治思想素质,帮助他们形成正确的世界观、人生观和价值观,增强家国情怀,最终成为新时代中国特色社会主义的建设者和接班人。

本书从内容选择、稿件撰写、文稿修改、文稿交付到呈现在大家眼前,每个环节都凝聚着集体的智慧,充满着美好的回忆。感谢衢州学院刘小成老师为此书修改提纲;感谢上海交通大学出版社臧燕阳编审在本书出版过程中提出宝贵意见和建议;感谢参与本书出版工作的每一位辛勤付出的工作人员及我的家人,是他们强有力的支持和鼓励让我顺利将本书出版。

虽然编者使出洪荒之力,始终严肃谨慎地调查研究,但是由于水平有限,经验不足,对衢州地方文化资源挖掘不到位、理解不深刻,加之仓促成文,书中会有个别错误与问题,敬请广大读者批评指正。

编者

2022 年 9 月

目录

第一章

南孔圣地——衢州

第一节 走 进 衢 州

衢州市位于中国东南部,地处浙江省西部,是浙江省母亲河钱塘江的源头,至今已有六千多年的文明史、一千八百多年的建城史,是圣人孔子嫡系后裔的世居地,素有"东南阙里""南孔圣地"之美称。衢州亦是中国围棋发源地,有"烂柯观弈"的传说。

衢州地处浙、闽、赣、皖四省交界处,南接福建南平,西邻江西上饶、景德镇,北连安徽黄山,东与省内杭州、金华、丽水三市相衔,素有"四省通衢"之称。衢州市域面积8 844平方公里,所辖两区三县一市,分别是柯城、衢江两个区,龙游、常山、开化三个县和江山市,人口约258万。

衢州是一座历史文化名城,拥有深厚的文化底蕴。古代衢州有"三圣":第一个叫孔圣,是孔圣人后裔南宗居住的地方;第二个叫针圣,是中国古代中医针灸集大成者杨继洲的故乡;第三个是棋圣,衢州是围棋文化发源地,衢州烂柯山因传说是仙人下棋的地方,被誉为"围棋仙地"(图1-1)。

图1-1 "围棋仙地"烂柯山

衢州是一座生态旅游名城。衢州是浙、皖、闽、赣国家生态旅游协作区中心城市,有根宫佛国文化旅游区、江郎山-廿八都旅游区等两个5A级景区和十四个4A级景区。衢州还有三大世界级遗产:其中衢州江郎山是世界自然遗产;衢州姜席堰与都江堰、灵渠、长渠等一同跻身世界灌溉工程遗产;以衢州柯城九华立春祭为代表的中国二十四节气,被列入联合国教科文组织人类非物质文化遗产代表作名录。衢州开化县的钱江源国家公园是华东地区唯一的国家公园体制试点。

衢州是一座幸福生活之城,经济快速发展,人民生活水平稳步提高,全民文化素质不断增强。据衢州市统计局公布的数据,近几年市生产总值(GDP)稳步增长:2017年,全市GDP为1 380亿元;2018年,全市GDP为1 470.6亿元,增长7.2%;2021年,全市GDP为1 875.61亿元,增速居浙江省第三。衢州正在全力打造15分钟幸福生活圈,唱响"书香满城、全民阅读,运动健康、全民健身"。衢州正在全面系统营造一个整体最优的发展环境,努力打造一座远山近水、青山绿水,水城交融、蓝绿交织,古城新市、交相辉映,产城人文、融合发展的历史之城、现代之城、未来之城。

第二节 "南孔圣地,衢州有礼"品牌

"南孔圣地,衢州有礼"是衢州市的城市品牌。"作揖礼"是现代衢州的城市标识,"快乐小鹿"是衢州的城市吉祥物,"南孔爷爷"是衢州的城市卡通形象,《衢州有礼》是城市形象宣传主题歌。总之,衢州正在系统谋划"好听、好看、好吃、好玩"系列有礼品牌,正在打造"一座最有礼的城市"。

一、衢州城市品牌标识(LOGO)

衢州城市品牌标识以衢州地图、孔子行礼图为核心创意元素,将"南孔圣地,衢州有礼"的主题内化于心、外化于形(图1-2)。衢州地图通过适度的虚实渐变,演化为拱手礼的手势造型。以最直观的手礼形象,代言"礼"文化的博大内

涵；以最直观的地图载体，将衢州两区三县一市融为一体，以体现全体衢州人民以礼为魂、同心同德、齐心协力共同建设"活力新衢州、美丽大花园"的精神内涵。

品牌标识整体既有作揖行礼的空间意象，端庄大方，谦恭内敛，又有朝阳初升、活力四射的蓬勃生机。结合黄、绿、蓝的渐变色系，以表现纯净阳光、绿水青山、多彩田野的"活力新衢州、美丽大花园"意境，凸显衢州千年古城的历史人文意蕴。手指交错，脉络纵横，有"四省通衢"之寓意。

衢州城市品牌标识深度融合了衢州最具特色和代表性的文化元素，深度契合了衢州人民尊重历史、热爱现实、向往未来的积极心态，内涵丰富，承载厚重，具有"对历史有礼""对自然有礼""对社会有礼""对未来有礼"等深刻内涵。

孔子行礼图

图1-2 衢州城市品牌标识"作揖礼"

二、衢州城市吉祥物（MASCOT）

鹿文化在中国有着悠久的传承和丰富的内涵。鹿是中国传统文化中神秘而神圣的动物之一，是祥瑞的象征。鹿代表的是仁德、健康、快乐、长寿，这与孔子所推崇的儒家思想、倡导的优秀品德基本吻合。

图1-3 衢州城市吉祥物"快乐小鹿"

衢州城市吉祥物是"快乐小鹿"（图1-3）。"快乐小鹿"穿着中国传统服饰，代表中国传统儒家文化；服装紫色，象征"紫气东来"的高贵色彩。"快乐小鹿"的形象，既代表"南孔圣地，衢州有礼"的城市精神，体现衢州人民传承近千年的儒家思想，更体现了衢州人民美好幸福的生活状态。祝福语"像鹿一样追逐，像鹿一样优雅"寄托自由、快乐、机灵、可爱、青春、优雅等精神。"快乐小鹿"整体充满活力、朝气蓬勃，展示出"活力新衢州、美丽大花园"的发展愿景。

三、衢州卡通形象(CARTOON IMAGE)

衢州是江南儒家文化的传承地,历来就有"南孔圣地"的美誉,加之孔子是儒学文化的创始人,于是衢州卡通形象代言人便是"南孔爷爷"(图1-4),由衢州学院教师徐明设计。"南孔爷爷"的颜色采用灰色系和黄色系,寓意辉煌。其发髻为书画卷轴,代表儒学思想博大精深;粗浓眉毛遮住眼睛,代表渊博的知识以及积极入世的精神;心形的胡子造型,代表只要有心向学,人人都可以入学受教,体现孔子的"有教无类"的教育理念。"南孔爷爷"的卡通形象生动活泼,贴近生活,不仅扩展了南孔圣地衢州的城市知名度,而且极大地弘扬了中华优秀传统文化。

图1-4 衢州卡通形象"南孔爷爷"

四、衢州市形象宣传歌(PUBLICITY SONG)

《衢州有礼》

作词:周新华 作曲:王选 演唱:郑烜 张颖

有一种好礼,叫衢州有礼。

青山作揖,用这样的礼仪迎接你。

抬头望天,老天说恰好时机。

那一年大宗南渡,就等待着这一季。

有一种好礼,叫衢州有礼。

绿水流蜜,把这样的礼物送给你。

低头望地,地面上写着玄机。

那一年烂柯观弈,早定下了这步棋。

衢州有礼,不一样的LOGO。

衢州有礼,不一样的IP。

超级城市是我们下一个里程碑。

《衢州有礼》由衢州本土音乐人强强联手创作:本土作家周新华作词,本土音乐人王选作曲,衢州青年歌手郑烜和张颖演唱。词曲的主基调是"南孔圣地,衢州有礼"。当悠扬的音乐声响起时,衢州人就不自觉地进入了绚烂的衢州文化当中,用心感受这座最美之城的魅力。

第三节　"王质遇仙,观弈烂柯"的传说

烂柯山位于衢州市东南 11 公里处,在柯城区石室乡境内,海拔 164 米。

传说很早以前,烂柯山下有个乡村,村里住着一位勤劳善良的人,名叫王质。有一年春天,王质拿起扁担斧头上山砍柴。走到山上,见有两位白发长须的老人携手进了桃花洞。村里没见过这两位老人,出于好奇,王质也就跟着走进洞里。只见洞中流水潺潺,两旁桃花红得鲜艳,有的树上已是硕果累累。两位老人在一块青石的两边坐下,摆开棋盘,下起棋来。王质见此情景,就放下扁担,撂下柴斧,蹲在一旁观棋。下棋的时候,两位老人顺手摘下桃子吃,也给王质一个桃子一起享用。不知过了多长时间,两位老人下完了棋,起身向洞的深处走去。这时王质才想起自己是来砍柴的,连忙去捡扁担,发现扁担已经朽了;再去拾柴斧,斧把也已经烂了。柴砍不成了,王质只好顺原路出洞回家。一出洞,他觉得先前的山形林木、道路都好像变了,归途只能依稀辨认。总算到了村里,见往来老乡都是陌生人,他诧异地上前询问,人们告诉他,王质上山打柴,一去不归,至此已有上百年了。这时王质才意识到自己遇到了神仙,而自己也成了仙。他只好返回山中,又进了桃花洞,其后不知所终。后人便把"王质遇仙,观弈烂柯"的地方称为烂柯山,并把"烂柯"作为围棋的别称。围棋源于中国,相传就发源于烂柯山。

至今"烂柯"一词在国内外围棋刊物上仍屡见不鲜,日本高段棋手还常将"烂柯"两字书于扇面,用以馈赠亲友。我国一些围棋古典弈谱,有不少根据"烂柯"而定书名。诗句"山中方一日,世上已千年"也出自该传说。

第四节　文化交流

The Tale of Mount Lanke

Mount Lanke is located in Shishi Township, Kecheng District. It is a mountain with an altitude of 164 meters in the southeast of Quzhou, which is 11 kilometers off the city center.

There is a legend about Mount Lanke, which goes like this:

Long long ago, there was a village at the foot of Mount Lanke, where lived a hard-working and kind-hearted man called Wang Zhi. One spring, Wang Zhi went up the mountain with a pole and an axe to cut firewood. When he arrived at the mountain, he saw two old people with white hair and long beard enter Taohua Cave in Mount Lanke. Wang Zhi was so surprised because he had never seen the two old men in the village. Out of curiosity, he followed them into the cave. He saw the flowing water, the peach blossoms and some fruitful trees on both sides of the cave. The two old men sat down on both sides of a blue stone, laid out the board and began to play the game of Go. On seeing the scene, Wang Zhi put down his pole and his axe and squatted beside watching them playing. When they felt hungry, they would pick peaches to eat and give Wang Zhi one, too. Not knowing how long passed, the two immortals got up and walked to the depth of the cave. At that time, Wang Zhi realized that he had come to cut firewood and hurriedly fetched his shoulder pole and his axe only to find that both the shoulder pole and the axe handle were rotten. Wang Zhi had to walk out of the cave and turned upon the back track. As soon as he came out of the cave, he felt that everything was changed around and he could only vaguely identify his way home. Finally, when he arrived at the village, he saw that the villagers were all strangers. He asked in surprise where Wang Zhi's home was. He was told that it had been hundreds of years since Wang Zhi went up the mountain to cut firewood and didn't return. At that moment，Wang Zhi realized that he had met immortals and that he had become an immortal，too. He had to return to the mountain cave again. No one knew where he went later. Therefore，the place where Wang Zhi met with immortals was called Mount Lanke. Since then，Lanke had got another name the game of Go. The game of Go originated in China. It is said that Mount Lanke is the birthplace of the game of Go.

Up to now，the characters "烂柯" are still common in some Go journals at home and abroad. In addition，Japanese Go masters often write the Chinese characters Lanke on fans as gifts. There are some classical Go scores in China，of which are named Lanke. The verse "A Day in the Mountain，a Thousand Year in the World" derived from the tale of *Wang Zhi Meeting Immortals*.

第二章

衢州与孔氏的不解之缘

第一节 走近孔子

一、孔子的生平

孔子,名丘,字仲尼,出生于鲁国陬邑昌平乡,即今山东省曲阜市东南的尼山镇。孔子生于公元前551年9月28日,卒于公元前479年4月11日,享年73岁。孔子葬于鲁城北面泗水岸边,今山东曲阜"孔林"所在地。孔子开创私人讲学之风,倡导"仁、义、礼、智、信",提倡"有教无类"。曾带领部分弟子周游列国14年,晚年修订六经:《诗》《书》《礼》《乐》《易》《春秋》,有弟子三千,其中贤人七十二。

二、孔子父亲叔梁纥的故事

孔子的父亲名纥,字叔梁,现代人常称孔子的父亲为叔梁纥。据说叔梁纥个子很高,天生神力又博学多才,是鲁国的一位有名的武官。孔子父亲叔梁纥最著名的故事就是"力举城门"。公元前563年,晋国带领鲁国等13个国家攻打逼阳国,已经把整座城团团围住,由于地形原因,一直久攻不下。战事处于僵持阶段,城外的人打不进来,城内的人也出不去。这时逼阳国打开城门引诱鲁国军队进去,又突然放下城门,打算来一个"瓮中捉鳖"。眼看着鲁国军队就要中计,即将全军覆没,叔梁纥大声喊道:"我们中计了,快撤!"说着,竟然凭一己之力举起城门,为鲁国军队争取了宝贵的撤退时间。叔梁纥以英勇无畏的英雄气概立下战功,被任命为陬邑大夫。此次历史事件使叔梁纥成为威名远扬、家喻户晓的神力武将,受到世人的敬仰。

然而,受人敬仰的英雄叔梁纥也有自己的烦恼。叔梁纥与正妻施氏有九个女儿,却没有儿子。他的妾生了个儿子孟皮,可是有足疾。按照当时的社会礼仪,只有身体健康、体貌端正的男性才能承担祭祀祖先的重任。叔梁纥年事已高,却没有一个身体健全的继承人,他为此整日愁眉不展。

三、孔子父母的婚姻

叔梁纥后来便向鲁国颜氏求婚。《孔子家语》记载:颜氏有三个女儿,最小的一个叫颜徵在。颜氏问三个女儿:"陬邑大夫叔梁纥,虽然父辈、祖辈为卿士,但他是先圣王后裔。此人身材高大,力大无比,武力超群,深受人们仰慕,你们三个谁愿意做他的妻子?"两个大女儿都默不作声,小女儿颜徵在上前回答说:"愿意听从父亲的安排。"父亲听出了这话的语气,说:"你愿意,那就随你吧。"于是就把小女儿颜徵在嫁给了叔梁纥。当时叔梁纥66岁,颜徵在约15岁。

婚后,叔梁纥和颜徵在渴望生儿子,就去曲阜东南方的尼丘山祈祷,希望上天眷顾,赐给他们一个儿子。不久,颜徵在怀孕了,顺利生下一个健康的儿子,他就是千古圣人——孔子。因孔子是去过尼丘山祷告才生下的,而且孔子刚出生的时候头顶两侧偏高,中间偏低,远远看去就像尼丘山,于是叔梁纥给孩子起名为"丘"。孔子的字是"仲尼","仲"的意思是在兄弟中排行老二,表示孔子是叔梁纥的第二个儿子。因对孔子的敬重,后人为避讳"孔丘"的"丘"字,将尼丘山简称为尼山。

四、孔子的青少年

在孔子3岁时,父亲叔梁纥不幸去世,从此生活的重担就压在母亲颜徵在肩上。在母亲颜徵在的精心培养下,孔子酷爱学习。孔子儿时最喜欢玩的游戏是演习祭祀。司马迁在《史记·孔子世家》记载:孔子孩童时做游戏,经常陈列俎豆各种礼器,演习礼仪动作。子曰:"吾十有五而志于学。""吾少也贱,故多能鄙事。"孔子17岁时身高已九尺三寸,博学多才,有一定的名气,然而不幸的是,在这一年,孔子的母亲颜徵在因操劳过度去世了。

父亲叔梁纥死时,因为颜徵在的名分和施氏(叔梁纥的正妻)等原因,颜徵在和孔子未能参加叔梁纥的丧礼,加之年幼,所以孔子也不知道自己父亲葬于何处。母亲颜徵在死后,孔子想把父母合葬,于是暂时把母亲的棺材放在一条叫"五父之衢"的街上。然后,孔子四处询问父亲的墓址,直到有人告诉他,叔梁纥的坟墓所在地是防,孔子才依照礼仪,将父母合葬于防,并为之造坟。通过合葬父母,孔子更加懂事了,觉得自己必须重振家族威名。

五、孔子成家立业

孔子18岁时离开鲁国,前往宋国学习。经过刻苦学习与实践,孔子的德行和学识突飞猛进,很快在宋国小有名气。公元前533年,他在宋国娶了亓官氏。第二年回到鲁国,亓官氏生子。当时孔子很年轻,但是因为道德修养高、学识渊博、多才多艺,得到了鲁国国君鲁昭公的赏识。鲁昭公派人送来一条大鲤鱼,祝贺孔子喜得贵子。孔子以国君亲自赐物为莫大的荣幸,为了纪念这件喜事与荣耀,便给自己的儿子取名为鲤,字伯鱼。中国古代,兄弟排行按伯仲叔季的次序。伯,老大;鱼,鲤鱼。伯鱼就是孔子的大儿子,也是孔子唯一的儿子。后来,孔鲤育有一子叫孔伋,字子思。一般而言,正统孔氏家族后代都是孔鲤之子孔伋的后裔。

六、孔子开启教育生涯

孔子 30 岁开始办私学,教授六艺,提出"有教无类"教育思想,开创中国私学的先河。后来,孔子有机会去周的都城洛阳去学习。《史记·孔子世家》中记载,鲁南宫敬叔言鲁君曰:"请与孔子适周。"(鲁国孟孙氏家族中的南宫敬叔对鲁昭公说:"请让我与孔子一起到周去。")就这样,敏而好学的孔子才有机会去历史悠久、文化宝藏丰富的洛阳求学,而且有机会见到大思想家老子。老子当时在洛阳担任保管文物的工作,相当于现在的国家图书馆馆长。向老子学习后,孔子的礼制知识和文物知识丰富了,性情稳重了,遇事成熟理智了。人们更加钦佩孔子的博学和智慧,孔子的学生更多了,很多人远道而来向他求教。《论语》开篇就是孔子这一阶段的学习状态和精神境界。《论语》(1.1①)子曰:"学而时习之,不亦说乎?有朋自远方来,不亦乐乎?人不知而不愠,不亦君子乎?"(孔子说:"学习后时常温习和练习,不是很愉快的事吗?有志同道合的人从远方来,不是一件令人开心的事吗?别人不了解我,我也不怨恨、恼怒,不也是一个有道德的君子所为吗?")

七、孔子周游列国

孔子从事着教育事业,同时又希望有从政的机会,为国家做出更大贡献。但由于鲁国三桓的排斥,特别是堕三都事件后,孔子踏上了周游列国的道路。《论语》(18.4)齐人归女乐,季桓子受之,三日不朝,孔子行。(齐国人赠送鲁国一批歌女乐师,季桓子接受了,好几天不上朝,孔子就离开了鲁国。)这一年孔子 55 岁。孔子周游列国时,其名声早已传遍各国,一路上很多人慕名前来求教。《论语》

---

① 该数字表示所选原文在《论语》中的位置,例如,1.1 表示《论语》第一篇第一章,以此类推。

(3.24)仪封人请见,曰:"君子之至于斯也,吾未尝不得见也。"从者见之。出曰:"二三子何患于丧乎? 天下之无道也久矣,天将以夫子为木铎。"(仪地的一个小官请求见孔子,说:"凡是来到这个地方的君子,我没有见不到的。"孔子的弟子领他去见了孔子。出来以后,他对孔子的弟子说:"你们这些人为什么担心你们老师失去官位呢? 天下无道已经很久了,因此上天将以孔夫子为圣人来教化天下呀。")可见,孔子在世时就被人们尊奉为"天纵之圣""天之木铎"。《论语》(5.22)子在陈,曰:'归与! 归与! 吾党之小子狂简,斐然成章,不知所以裁之。'"(孔子在陈国,说:"回去吧! 回去吧! 我家乡的那些青年学子志向远大而行为粗疏,文采虽然很可观,但他们不知道怎样节制自己。")这句话反映了孔子周游列国时思念家乡的心情。孔子在颠沛流离、推行自己的政治理想无果的情况下,于公元前484年,即68岁时回到了鲁国。

孔子是中国古代伟大的思想家、政治家、教育家,儒家学派创始人。儒学是中国传统文化的根基和主流之一,也是整个人类文明的重要组成部分。孔子一生大部分时间都是从事教育,对后世影响深远,对世界文明做出了不可磨灭的贡献,死后被历代统治者尊为"孔圣人""至圣先师""大成至圣文宣王""万世师表"等。

第二节　衢州与孔氏的结缘

一、靖康之变,孔氏南渡

衢州与孔氏的结缘,得从近九百年前的历史事件说起。靖康元年(1126年)十月,汴京(今河南开封)被金兵攻破,徽宗、钦宗被俘,北宋灭亡。第二年,徽宗的第九个儿子赵构在应天府(今河南商丘)即位,庙号高宗,年号建炎,历史上称为南宋。

建炎三年(1129年)初,金兵继续大举南侵,宋高宗仓皇南下,定都临安(今杭州)。孔子第四十八代嫡长孙、衍圣公孔端友负孔子及亓官夫人楷木像、唐代吴道子所绘"先圣遗像"等,扈跸南渡。之后,孔端友率族人前往朝见高宗,述其离别先祖之苦痛,请求赐家以便安居。高宗念其"扈从之劳",赐庙宅于浙江上游未遭兵燹且文化发达的衢州。在一个春暖花开的日子,孔端友率领族人登上船只,沿着钱塘江而上，来到了浙西——衢州。绍兴六年（1136年），高宗赵构下诏在衢州建庙，"权以州学为家庙"。衢州州学，从此便成为孔氏南宗家庙。自此，浙江衢州就成了孔子嫡长孙及后人繁衍生息的第二故乡——东南阙里。衢州位于长江以南，故寓居衢州的孔氏嫡裔史称"孔氏南宗"，孔端友也由此成为孔氏南宗始祖（图2-1），衢州从此成为江南儒学文化中心。

图2-1　孔端友像

孔氏家族因为这次政治变乱也随之分裂。以孔氏嫡系长孙孔端友为首的追随南渡的皇帝来到浙江衢州的孔氏家族一支，被称作"孔氏南宗"，支脉遍布江南。在孔子后裔安家衢州之后，与南宋政权对峙的金朝皇帝金熙宗封留守在山东曲阜的孔端友弟弟孔端操之子孔璠（fán）为衍圣公，主持山东曲阜祭孔事务。自此，孔氏遂有南宗、北宗之分，孔子世家形成了南、北两个衍圣公的局面。当时，除宋、金之外，草原上崛起的蒙古族人也在其统治区内册封了一位孔氏后裔为衍圣公，以彰显其政权的合法性。

寓居浙江衢州的孔氏后裔称为孔氏南宗，山东曲阜的孔子子孙则称孔氏北宗。狭义上，孔氏南宗仅指南宋初年随宋室南渡的孔氏族人。广义上，孔氏南宗除了随宋室南渡的孔氏族人之外，还包含南宋以前已经南迁并于南宋时归附南宋衍圣公的孔氏族人。

二、孔氏南渡对浙西乃至江南地区的意义

孔氏南渡对孔氏家族本身而言是一件不幸之事，但对于衢州、浙西南乃至江南地区而言则是一件莫大的幸事。从人文环境而言，孔氏南渡使江南士人与平民有机会近距离瞻仰孔圣人，沐浴圣辉，听其教诲；从学术层面而言，孔氏南渡推动了中原文化与江南文化的融合，丰富了江南文化的内涵；从社会层面而言，孔氏南渡推动了江南社会的文化发展和社会文明的进程；从物质文化层面而言，孔氏南渡促成

了孔氏南宗家庙的诞生,并使其成为中国文化史上重要的遗产,进而使衢州成为江南儒学文化中心以及江南士人心目中的圣地。

三、衢州孔氏南宗家庙三建三迁

由于孔子创立的儒家思想对于维护封建政治统治起着重要作用,所以孔庙便被历朝历代帝王高度重视,是我国古代文化遗产中极其重要的组成部分。孔庙遍及全国,但正宗孔氏家庙在全国仅有两座,那就是山东曲阜和浙江衢州两处。

山东曲阜孔氏家庙建于鲁哀公十七年。衢州孔氏南宗家庙建于宋理宗宝祐元年。南宋以来的近九百年的历史中,衢州的孔氏南宗家庙经历过三建三迁,今天的孔氏南宗家庙格局基本定型于清代道光年间。"文化大革命"期间,孔氏南宗家庙遭到破坏,文物被砸毁。改革开放以后,包括孔子及其思想在内的中国传统文化重新得到重视。在这种背景下,衢州市人民政府高度重视南孔文化建设,充分利用孔氏南宗家庙,打造衢州城市名片。1996 年,国务院公布衢州孔氏南宗家庙为全国重点文物保护单位。不久,衢州市人民政府在浙江省文物局的支持下在孔府原址完成公房、民房和部队房屋拆迁后,恢复原有建筑,孔府从不足 4 000 平方米扩展为 1.4 万平方米,并增建了后花园。如今的衢州孔氏南宗家庙不仅是国家级文物保护单位,而且还作为旅游景点和儒学研习中心对外开放(图 2-2)。

图 2-2　衢州孔氏南宗家庙

第三节　南孔作揖礼

中华文明古国，拥有上下五千年的悠久历史。在五千年的历史长河中，中华民族形成了高尚的道德准则、完整的礼仪规范和优秀的传统美德，被世人称为"文明古国，礼仪之邦"。礼仪是人类社会进步的重要标志，也是人与人之间友好相处的桥梁，更是一个社会和民族文明程度的象征。

中华民族的作揖礼大约起源于周代以前。作揖礼最初的基本姿势是相见双方将两手抱成拳状，放在胸前，身体前倾，腰身微弯，互相致敬。作揖礼是中国古人的智慧，蕴藏着深刻的儒家文化和中国人的处世之道，体现着中国人自谦而敬人的品格特质。作揖礼是重要的世界文化遗产，它是中华民族特有的礼仪方式，彰显中国人的谦逊与诚恳，向世人展现中国人的儒雅风貌。

"礼"是孔子思想核心的重要内容，是衢州最具辨识度的标识之一。在衢州，作揖礼传承着绵延千年的南孔文化，被赋予"南孔圣地，衢州有礼"城市品牌的具象标识，更是全球新冠肺炎疫情形势下一种保持社交距离的有效礼仪方式，既能减少病毒传播的可能性，又能让人们体悟中华优秀传统文化的魅力。作揖礼是当前最健康、最卫生、最安全的社交礼仪。衢州的"见面不握手，作揖更有礼"正在引领着一场健康文明的新社交礼仪。

一、日常作揖礼分为揖让礼、万福礼、哀揖

（一）揖让礼

揖让礼适合日常路上相见、普通约见，双手合抱举至胸前，立而不俯，表示一般性的客套。除了上述社交场合外，也适用于向人致谢、祝贺、道歉及托人办事等。

揖让礼也叫拱手礼，适合男士，左手覆右手，右手握拳，左掌包盖右拳。左掌为上，意指对方；右拳为下，意指自己。右拳形状恰似低头恭敬状。对于男士而言，右拳代表攻击，被左掌包盖，表示礼貌、善意、尊重、友好等。行揖让礼时，男士抱拳晃

动三下,拱起再按下去,同时低头,上身略向前屈。

(二)万福礼

万福礼适合女士,右手覆左手,两手都不是握拳状。右掌为上,意指对方;左掌为下,意指自己,左拳形状恰似低头恭敬状。两手松松抱拳重叠,在胸前右下侧上下移动,略作鞠躬姿势,身子和胳膊不用动。

(三)哀揖

男女双手相合与平时相反,即男右手覆左手,女左手覆右手,适用于家中有丧事之时。

二、正规作揖礼分为共立、肃立、迎立、卑立

正规场合下行作揖礼时,身体襟立,平肩正背。男士双脚自然分开,约一拳距离,不过肩宽。女士并腿为宜,夹臀收腹,眼神自然,略带微笑。双手五指并拢,平掌相叠,所有手指不能翘起。男左手覆右手,女右手覆左手,大拇指相对。肘部微屈,两个手臂犹如抱鼓。行礼时,身倾不僵,体不摇肘。起身时,眼神自然地注视着对方。

(一)共立

适用于平辈之间的行礼。行礼者,手朝前推,腰部带动身体和头部,身体前弯15度。

(二)肃立

晚辈对尊者,晚辈对长辈,低职位对高职位行礼。行礼者,身体前弯45度。

(三)迎立

这是长辈在孩子对自己行礼后的一种回礼,双臂往胸前内拉,颔首致意,用于表达对孩子的喜爱。

（四）卑立

卑立也称垂佩。身体往前深弯90度，适用于正规隆重的场合，如祭孔仪式等。

以上日常作揖礼如图2-3所示。

儒家文化中，阐释"礼"的重要性的句子比比皆是。《论语》(2.3)子曰："道之以政，齐之以刑，民免而无耻。道之以德，齐之以礼，有耻且格。"（孔子说："用政令来治理百姓，用刑罚来制约百姓，百姓可暂时免于罪过，但不会感到不服从统治是可耻的；如果用道德来统治百姓，用礼教来约束百姓，百姓不但有廉耻之心，而且会纠正自己的错误。"）《论语》(8.8)子曰："兴于诗，立于礼，成于乐。"（孔子说："从学习《诗》开始，把礼作为立身的根基，掌握音乐使所学得以完成。"）

图2-3 日常作揖礼

可见，"礼"能使人行为规范，人格树立，卓然而立于社会群体之间。"礼"反映了一个人的内在修养，规范人的行为，促进人际关系和谐和社会稳定，在构建文明社会中起着至关重要的作用。

第四节　文 化 交 流

Zuoyi Gesture in Southern Confucianism

The ancient Chinese civilization has a long history of five thousand years. During the five thousand years of history, the Chinese nation has formed a noble moral code, a complete code of etiquette, and excellent traditional virtues, and is known to the world as "An Ancient Country of Civilization and a State of Etiquette". Etiquette is an important symbol of the progress of human society, a bridge to build a friendly relationship between people and a symbol of the civilization of a society and a nation. Etiquette is a legacy of the past and an innovation of the future.

The Chinese people's Zuoyi Gesture originated before the Zhou Dynasty. The basic posture of the Zuoyi Gesture is that both parties greet each other with their hands in a fist, leaning forward with two hands in front of their chests, and bending slightly at the waist to salute each other. It is the wisdom of the ancient Chinese people and contains a profound Confucian culture. It is also the Chinese way of communicating with the world, which reflects the Chinese character of being humble and respectful. It is a unique way of Chinese etiquette, showing the humility, sincerity, and elegance of the Chinese people to the world.

Etiquette is the important content of the core thought of Confucius and is one of the most crucial recognizable symbols in Quzhou. In Quzhou, Zuoyi Gesture inherits the thousand-year-long culture of Southern Confucianism, and is given as a symbolic mark of the city brand "Quzhou, Home of Southern Confucianism, Model City of Virtue", which is an effective way to maintain social distance under the global epidemic situation. Zuoyi Gesture is currently the healthiest, most hygienic, and safest social etiquette. Quzhou's "Greeting Without Shaking Hands but Zuoyi Gesture" is leading a new wave of healthy and civilized trend. The city brand of Zuoyi Gesture of Quzhou has been promoted into Zuoyi Gesture of Zhejiang now.

Daily Zuoyi Gesture are divided into men's greeting, women's greeting, and mourning greeting.

(1) Men's Greeting

It is suitable for daily meeting on the road or in the office, with hands clasped together and raised to the chest, standing but not stooping to express general courtesy and salutation. In addition to the above social occasions, it is also suitable for expressing thanks, congratulating, apologizing, and asking for help with work.

Men's Greeting is also called the greeting salutation, which is suitable for men. The greeting goes like this: the left hand being over the right hand, the right hand clenching into the fist, the left palm covering the right fist. The left palm is the top, meaning the other person; the right fist is below, meaning oneself. The right fist is shaped like a bowed head in respect. For men, the right fist representing the attack is covered by the left palm, indicating politeness, goodwill, respect, friendship, etc., as if the weapon is not exposed. When performing Zuoyi Gesture, the man shakes his clasping fist three times, arches it up and presses it down again, while bowing his head and bending his upper body slightly forward.

（2）Women's Greeting

Women's greeting is for sure for women. The right hand is over the left hand but both hands are not clenched into fist shape. The right palm is the top, meaning the other person; the left palm is the bottom, meaning oneself, and the left fist is shaped like a bowed head in respect. Both hands loosely clasp and overlap, moving up and down in front of the lower right side of the chest while slightly bowing, but the body and arms are not moving.

（3）Mourning Greeting

The hand gesture for both men and women are the opposite of the usual, that is, men's right hand over the left hand and women's left hand over the right hand, which is applicable when there is a funeral at home.

The formal Zuoyi Gesture is divided into four categories including the greeting of the same generation, the greeting for young people to the elder, the greeting for the elder to the young, and the greeting for offering sacrifices to Confucius, ancestors or the dead.

When performing the formal Zuoyi Gesture, we should stand with a flat shoulder and a straight back. For men, the feet are naturally separated, about one fist distance, but not beyond shoulder width. For women, it is appropriate to stand with legs together, with hips and stomach tucked in, and with natural eyes and a slight smile. Hands with five fingers together, flat palms stacked, all fingers should not be upwarped. For men, the left hand over the right hand; for women, the right hand over the left hand; both for men and women, thumbs are facing each other when doing Zuoyi Gesture. The elbows are slightly bent and the two arms are like holding a drum. When performing Zuoyi Gesture, the body is tilted without stiffness and it does not need to shake the elbow. When rising, the two sides are naturally looking at each other.

(1) The greeting of the same generation

It is applicable for peers. The salutatorian pushes their hands forward to bend the body at an angle of 15 degrees forward, waist driving the body and the head.

(2) The greeting for young people to the elder

The salutation is performed from the junior to the senior, from the inferior to the superior, and from the lower to the higher position. The salutatorian bends forward at an angle of 45 degrees.

(3) The greeting for the elder to the young

This is a returning salutation by the elder after the child has saluted him or her, with the arms pulled in front of the chest and the head nodded in greeting to express their affection for the child.

(4) The greeting for offering sacrifices to Confucius, ancestors or the dead

It is also known as the "Mourning Ceremonial Greeting". It is used on formal and solemn occasions such as the Confucius ceremony.

Confucian culture abounds with sentences explaining the importance of the Rites. Confucius said, "If people are governed by laws and regulations and restrained by punishments, they will strive to avoid being punished but without feeling ashamed, while if they are guided by virtue and behaved by the Rites, they will have a sense of shame and try to correct themselves." "One's learning starts with *The Book of Songs*, the Rites give one a solid foundation and Music perfects one's learning."

It can be seen that "Etiquette and the Rites" can make people behave in a standardized manner, help to perfect their personality and stand out among social groups. The Rites reflect a person's inner cultivation, regulate human behaviors and promote interpersonal harmony and social stability, which plays a vital role in building a civilized society.

第三章

孔氏南宗家庙

第一节　孔氏南宗的渊源

靖康二年(1127年)金兵南下攻取北宋首都东京(汴京),即今河南开封,掳走宋徽宗、宋钦宗二帝,宋朝皇室的玉玺、御服等国宝也被搜罗一空,统治了167年的北宋王朝宣告灭亡。第二年,作为徽宗唯一免于被掳往北国的嫡子,康王赵构在南京应天府(今河南商丘)即位,庙号高宗,年号建炎,史称南宋。

一、孔氏南宗确立

建炎二年(1128年),宋高宗赵构在扬州祭天。孔子的第四十八代嫡长孙、衍圣公孔端友奉诏率近支族人随行陪祭。

建炎三年(1129年)初,金兵渡江大举南侵,奔袭扬州,淮扬危急,宋高宗仓皇南下,辗转浙江多地,最后定都临安(今杭州)。孔子第四十八代嫡长孙、衍圣公孔端友负孔子及亓官夫人楷木像、唐代吴道子所绘"先圣遗像",辞别祖庙,扈跸南渡。高宗念其"扈从之劳",赐孔端友率族人至浙江上游未遭兵燹(xiǎn)且文化发达的衢州建家庙,孔氏南宗从此确立。自此,浙江衢州就成了孔子嫡长孙及其后人繁衍生息的第二故乡——东南阙里。衢州位于长江以南,故寓居衢州的孔氏嫡裔史称"孔氏南宗",孔端友也由此成为孔氏南宗始祖,衢州从此成为江南儒学文化中心。

衢州孔氏南宗家庙于宋理宗宝祐元年(1253年)由朝廷拨款、按曲阜家庙规模建造,首建家庙于城区菱湖。南宋亡,家庙毁于兵燹。

北宋末到南宋初是中国历史上人口第二次大规模南迁的时代。这些因战乱被迫南渡的北方士民,大多数是掌握先进农业技术的农民和掌握先进文化思想的士族名门,包括孔氏部分族人。他们定居江南后,把北方的先进科学技术和文化传播到南方,促进了江南地区的发展。从南宋时期起,中国的经济重心从北方移到南方。

二、孔洙让爵,孔氏后裔失爵、再度封爵

元世祖忽必烈统一中国之后,深谙精神文化统治之要义,要保元代江山之稳

固,必须借助儒家思想方能收心安民,抚臣治国,即于至元十九年(1282年)八月召衢州第六代衍圣公孔洙赴京,令他载爵回到曲阜奉祀。孔洙以先祖庐墓在衢州,且衢州已建家庙,不忍举家北上为由,愿意让爵给曲阜族弟,这就是造成孔氏南宗重大转折的"孔洙让爵"。元世祖同意了孔洙的请求,称赞他"宁违荣而不违道,真圣人后也"。由此,孔氏大宗失去自汉以来承袭了千余年的爵位。孔洙让爵之后,孔氏南宗后裔走向社会,走向民间,活跃于东南诸省,为儒学南渐、理学北传贡献自己的聪明才智。衢州也因此成为当时儒学的活动中心。

明正德元年(1506年),武宗朱厚照继位。他秉承先皇旨意,封孔子第五十九世嫡长孙孔彦绳为翰林院五经博士,钦定子孙世袭。这样,衢州孔氏后裔在失去爵位224年之后,再度封爵。1919年,北京政府改南宗翰林院五经博士为"奉祀官",而北宗则仍旧承袭衍圣公。1935年,国民政府下令废除封建封号,南、北两宗分别改为"大成至圣先师南宗奉祀官"和"大成至圣先师北宗奉祀官"。任五经博士的孔子第七十三世嫡长孙孔庆仪被国民政府改任"大成至圣先师南宗奉祀官"。民国二十八年(1939年),日寇侵占江南,孔子第七十四代嫡长孙孔繁豪奉命负孔子及夫人像辗转浙南,将圣像供奉于庆元县大济村圣修堂。1944年10月,孔繁豪逝世,年仅8岁的孔子第七十五代嫡长孙孔祥楷承袭"大成至圣先师南宗奉祀官"。1949年中华人民共和国成立后,南北宗奉祀官的封号同时废止。南宗孔氏自始至今已有八百多年的历史,后辈子孙遍布三衢城乡。故衢州有"东南阙里"之称。

1993年春,衢州市委将阔别家乡38年、时任沈阳黄金学院副院长的南宗末代奉祀官孔祥楷迎回故里。孔祥楷的回归适得其时,文化复归使一度遭受践踏的孔孟之道重受尊重。南宗孔府再次成为人们的拜谒之地。

孔氏南宗是在特殊的历史背景下形成的,因此,其家庙有着不同寻常的历史演进。由于孔氏南宗寓居他乡,仅南宋一朝袭封衍圣公,其后便经历了让爵、复爵、废爵的兴衰历史,家庙也随之多次迁徙。

三、孔氏南宗家庙几度蒙难、几度迁址

衢州孔氏南宗家庙建于宋理宗宝祐元年,明代规模最为兴盛。如今的衢州孔氏南宗家庙,经过三次建庙、三易其址,分别是菱湖家庙、城南家庙、新桥街家庙。衢州新桥街的孔氏南宗家庙距今已有500年历史,历经万历、顺治、康熙、雍正、乾隆

年间修葺、拓建,至道光年间完成今庙规制。新桥街的家庙始于明正德十五年(1520年),世袭翰林院五经博士孔承美呈请朝廷新建家庙,并于家庙西侧另立一门,建翰林院五经博士署,家庙与翰林公署合一,简称"翰林公署",正式建立南宗孔府,民国时期称南宗奉祀官府。

自南宋始的近九百年里,朝代更替,战火硝烟,风云变幻,孔氏南宗家庙曾几度迁址、几度蒙难。尤其是抗日战争期间,日军两次占领衢州,家庙中乐器、礼器被掳掠一空,令孔氏家族以及衢州人民痛心疾首。1947年,国民政府曾拨款维修。1949年中华人民共和国成立后,1959年和1961年浙江省文化厅和衢县县政府曾拨款维修。1984年,衢州市政府拨款对家庙的主体建筑进行维修。1988年,衢州市政府再次拨款对家庙进行维修,并复建圣泽楼、修葺思鲁阁。1996年,衢州孔氏南宗家庙被国务院公布为全国重点文物保护单位。2000年,衢州市政府复建了家庙西轴线和孔府、孔园,总占地14000平方米,分家庙、孔府、孔园三部分。

2004年9月28日,孔子诞辰2555周年纪念日,衢州市成功举办首届"中国衢州国际孔子文化节暨祭孔大典"。衢州市委、市政府采纳了孔子第七十五代嫡长孙孔祥楷建议,确定"当代人祭孔"作为孔氏南宗家庙祭礼的定位,由社会各界公祭。孔祥楷精心设计了公祭的议程,字斟句酌改定了祭文,并亲自为祭礼谱曲《大同颂》。

国家兴,则孔庙兴,社会乱,则孔庙衰,折射出近九百年的中国江南社会兴衰史,在这近九百年的历史长河中,孔氏世世代代传习儒家文化之心不改,著书讲学不断,足迹遍布江南各地,使衢州成为儒家思想在江南的传播中心,对江南经济、政治、文化、社会的发展起到重要的作用。

第二节 孔氏家庙

衢州是孔氏后裔的第二故乡,史有"东南阙里"之称。阙里是孔子年幼时所居住的地方,现在山东曲阜城内阙里街。《史记索隐》中记载:"孔子居鲁之邹邑昌平乡阙里也。"顾炎武在《日知录》中说:"孔庙东南五百步有双石阙,故名阙里。"以前山东人把家叫"阙里",人们借用孔子在曲阜的"阙里"之名,将衢州孔氏家庙也称为

"东南阙里"。广义的"东南阙里"是指孔子或孔子嫡传长孙及后人繁衍生息的地方。中国"阙里"有两座,一座在山东曲阜,一座在浙江衢州。

作为礼仪之邦,祭祀在我国古代社会政治领域中占有绝对重要的地位。春秋时期的史书《左传·成公十三年》中就有这样的记载:"国之大事,在祀与戎。"在中国古代,祭祀祖先与保土卫疆是同等重要的大事,并历代相袭,成为一种国家制度。

祭祀孔子原本属于个人行为,祭祀者以孔子后裔为主,也有孔子弟子们祭祀孔子的隆重祭奠活动。国家行为的祭孔礼制可以追溯到2500多年前的春秋时代。

一、史上最早的孔庙

公元前479年,中国古代杰出的思想家、政治家、教育家,儒家文化的创始人孔子去世,孔子的弟子把他安葬在鲁国城北的泗水边。第二年,鲁哀公将孔子的三间旧居(图3-1)改成庙堂,并将孔子生前用过的衣、冠、琴、车、书藏于庙堂,并按岁时祭祀,这是诸侯祭孔的开始。这个纪念性的祭祀场所就是中国历史上最早的孔庙,也是影响最大的孔庙。根据性质,孔庙大体可以分为三种:家庙、国庙、学庙。当时的庙堂是"家庙"和"国庙"合而为一的场所。

图3-1 孔子旧居

二、祭孔兴起

公元前 195 年,汉高祖刘邦经过鲁地,以"太牢"[即牛、羊、豕(shǐ,猪)三牲全备]祭祀孔子,并诏诸侯、公、卿、将、相至鲁地,先到孔庙中拜谒,才能从政。刘邦不但开后世帝王祭孔之先河,而且开了后世帝王令地方长官上任前先拜谒孔庙再从政的先河。

汉武帝独尊儒术后,儒家思想成为正统思想,孔子的地位也随之提高。东汉明帝时,命令全国祭祀周公及孔子,从此,纪念孔子的活动遍及全国各地。北魏太和初年,孝文帝下诏全国各郡县学均祀孔子,从此确立了国家在学校内祀孔的礼制,也为孔庙与学校的合而为一奠定了基础。

祭祀孔子活动的兴起,促进了孔庙的兴建,自汉、唐、宋、元以至明、清,孔庙建筑遍布大江南北。根据性质或类别,孔庙可分为孔氏家庙、国庙和学庙三类:家庙是孔氏嫡系长房长孙主持供奉先祖的庙宇;国庙也叫官庙,是皇家、帝王、政府和民众祭祀孔子的场所;学庙也叫文庙,是古代士人祭祀孔子的重要场所,是现代人学习儒学思想的学堂或教育基地。根据不完全统计,我国现存保护完好或有遗迹可寻的孔庙有 200 多处。

三、衢州孔氏家庙

衢州孔氏家庙也叫孔氏南宗家庙,既是家庙又是官庙,拥有双重身份。一方面,具有家庙的性质,是孔氏南宗族人祭祀先祖的场所;另一面是历代统治者推崇孔子思想、巩固统治地位的重要场所。衢州孔氏家庙有其特殊的历史地位,是当时国家安定与否的象征。如今的衢州孔氏南宗家庙在文化内涵方面,与山东曲阜并无差异;在建筑风格方面,既有相同之处,也有其独具的特色。

第三节　孔氏南宗家庙的布局

孔氏南宗,是相对于曲阜之孔氏北宗而言的。孔子辞世二千五百多年以来,子孙遍布天下，但称为孔氏之宗的，却只有山东曲阜的孔氏北宗和浙江衢州的孔氏南宗。衢州孔氏南宗家庙历南宋、元、明、清，至于民国，既是国家或官府祭祀及"州县文臣初至官"时"祇谒先圣"的官庙，又是南渡孔氏宗子率族祭奠圣祖和历代祖先的家庙。

衢州孔氏家庙建筑群分三路布局，呈中轴线、西轴线、东轴线分布，中轴线有大成门、东西两庑（古代正房对面和两侧的屋子）、佾台、大成殿等；东轴线有孔氏家塾、崇圣门、崇圣祠、圣泽楼等；西轴线有五支祠、袭封祠、六代公爵祠、思鲁阁等。

本节重点介绍中轴线的大成殿、东轴线的孔府和西轴线的思鲁阁。

一、中轴线的大成殿

中轴线有大成门、东西两庑（古代正房对面和两侧的屋子）、佾台、大成殿等。大成门是通往大成殿区域内的正门。大成门上悬挂着清代雍正皇帝书写的"大成门"竖匾，两旁悬挂着雍正御书对联："先觉先知为万古伦常立极，至诚至圣与两间功化同流。"大成门又称仪门，表示凡进入此门者应该衣冠整洁、仪表堂堂，以示对孔子的尊敬。

进大成门可上佾台，是古代祭孔时专门表演乐舞的地方，是一座全部由青石铺成的170平方米的佾台。高高的月台，周围以石栏环绕，给人以庄严肃穆的感觉。

紧接佾台的是孔庙的主殿大成殿，是庙内的最高建筑。这是一座重檐歇山顶明代建筑，殿阁雄伟、气势不凡。"大成"两个字是后人对孔子最崇高的评价。孟子最早提出"大成"，他曾说过："成者，乐之一终也。""孔子之谓集大成。"意思是孔子把古今许多圣贤优秀的思想精华经过再创造变成了一种至高无上的理念，这种理念就是孔子学说的升华，就是"大成"。

大成殿是孔庙的主体建筑，是祭祀孔子的正殿（图3-2）。双重飞檐中立有一块竖匾，上书"大成殿"三字，檐下挂着"生民未有"匾额，为清代雍正皇帝御笔。殿内一块清代康熙皇帝撰写的"万世师表"匾额，悬挂在正殿上方。大殿高23米，长和宽各9米。大成殿内供奉圣祖孔子，以二世祖孔鲤、三世祖孔伋配享。殿堂中央竖立着端庄大度、博学儒雅的孔子塑像，他"黄制彩装，头戴十二旒的冠冕，身穿十二章的衮服手执镇圭，脚蹬云履"，光照四周，两旁肃立着他的儿子伯鱼和孙子子思的塑像，栩栩如生。横梁上悬有十余块历代皇帝御书匾额。殿内共有木质圆柱12根。其中最大的圆柱周长1.80米，大人伸展双臂也难以抱全。

图 3-2　大成殿

大成殿殿前通道的东西两侧各有九间房子,叫"两庑",两庑是祭祀、供奉历代先贤先儒的场所,有的只供牌位,有的则供塑像。通常情况下,东西两庑祭祀的先贤先儒,大多是儒家学派的著名人物和中国历史上的代表人物,如左丘明、董仲舒、诸葛亮、韩愈、范仲淹、欧阳修、司马光、文天祥、顾炎武等。衢州孔氏家庙的东庑内供奉的是"孔氏南渡祖"孔传、孔端友、"孔氏中兴祖"孔仁玉等孔氏先贤。

二、东轴线的孔府

孔氏家庙西侧为翰林院五经博士署,俗称孔府。孔府乃孔子嫡长孙的邸宅。嫡长孙负责家庙的管理和祭祀。孔府,老衢州人称之为博士署或奉祀官府。孔府大门上的一副金字对联,体现了这个贵族世家的特殊地位:"与国咸休安富尊荣公府第,同天并老文章道德圣人家。"孔府大堂高悬的匾额上书"泗浙同源"(图 3-3)。"泗"指山东曲阜"泗水",指孔氏北宗曲阜,孔子墓就在泗水河北岸;"浙"是浙的古体字,指孔氏南宗衢州。"泗浙同源"寓意南宗、北宗之同宗同源。

三、西轴线的思鲁阁

大成殿西侧,有一座曲阜孔庙所没有的建筑,名曰"思鲁阁"。思鲁阁是孔氏南宗家庙最有特色的建筑(图 3-4)。在孔庙建立思鲁阁,这在全国也是绝无仅有的。"思鲁"是孔氏南宗子孙不忘故里的意思,思鲁阁是孔氏南宗子孙为表达

图 3-3　孔府大堂

图 3-4　思鲁阁

他们思念山东曲阜及家人而精心设计建造的。思鲁阁是一座古色古香的二层楼房，现在开辟为孔氏家庙陈列室。思鲁阁内竖有孔氏南宗家庙的"镇庙之宝"——先圣遗像碑。碑的正面是"大成至圣先师"孔子像，为真人大小，是唐代著名画家吴道子的名作，具有以肥为美的唐风。思鲁阁堂上，供奉着孔子和亓官夫人楷木像。这对楷木像是孔氏家族的传家瑰宝，也是孔氏南宗家庙的镇庙珍物，更是拥有历史文化价值的无价国宝。

第四节　孔氏南宗家庙的特色建筑

衢州孔氏家庙作为祭孔之所，与曲阜孔庙相比，虽然不及其规模宏大、知名度高，但也因其独特的建筑风格和布局特色，在四省边际城市广为赞誉，且其性质、功能与曲阜孔庙相当。

衢州孔氏家庙作为嫡长孙的专祠和全球儒学代表们参加祭孔大典的场所,既设有和曲阜孔庙一样的建筑,如大成门、大成殿、两庑、俯台等,还设有衢州特色的建筑,既体现南孔儒学特色文化,又表达孔氏南宗对孔氏家族特有的感情。衢州孔氏南宗家庙的特色建筑有思鲁阁、五支祠、六代公爵祠、袭封祠、圣泽楼、报功祠等。

思鲁阁:位于孔庙大成殿西侧,"思鲁"即南宗孔氏子孙不忘故乡之意,"思鲁阁"是南宗孔氏子孙为表达他们思念山东曲阜及家人而精心设计建造的。阁上供奉孔子夫妇楷木像,阁下立孔子遗像碑,以祀孔子。思鲁阁是孔氏南宗家庙最有特色的建筑,这在全国也是绝无仅有的。

五支祠:全国性孔庙特有的宗祠,其中祀有孔氏五支之祖。孔子祖父伯夏、曾祖防叔、高祖祁父、五世祖木金父、六世祖孔父嘉。

六代公爵祠:祠祀自孔端友至孔洙六代衍圣公。孔氏南宗从第四十八世孔端友到第五十三世孔洙,衍圣公在衢州共传了六代,先后有孔端友、孔玠(jiè)、孔搢(jìn)、孔文远、孔万春、孔洙,史称"六代公爵"。

袭封祠:祠祀从明代的孔彦绳至清末的孔庆仪十五代翰林院五经博士。

圣泽楼:1988年修缮而成,存放皇帝和朝廷给孔子嫡裔的文墨和赠品。

报功祠:祠祀历朝历代有功于孔氏南宗的官员。如宋代宝祐年间,为鼎建家庙而克尽全力的衢州知州孙子秀,明弘治至正德年间为孔氏南宗的复兴而尽全力的吏部郎中周木、衢州知府沈杰,清同治年间,帮助孔氏南宗办学的浙江巡抚左宗棠等人。

这些建筑是天下孔庙所没有的,正是衢州孔氏南宗家庙特色之所在。

为进一步彰显孔氏南宗家庙的文化传承与社会教化功能,推动中华优秀传统文化创造性转化、创新性发展,在孔子第七十五代嫡长孙孔祥楷的筹划下,2004年9月28日重启南宗祭孔典礼。自此,衢州每年9月28日举行祭孔大典。祭孔仪式简化为"礼启、祭礼、颂礼、礼成"四个篇章,整个礼程40分钟左右。2011年南孔祭孔大典被列入第三批国家级非物质文化遗产扩展项目名录。

如今的南宗孔氏家庙经过多次修缮,庙内楼阁呼应,曲径通幽,成为衢州南孔圣地的一道亮丽的风景,成为衢州特色文化名片、文化旅游中心,每年吸引着国内外大批游客前来观光学习,为推动衢州经济文化和谐发展做出了巨大贡献。

第五节 文 化 交 流

Architectural Features of Southern Confucius Temple

The Confucius Temple in Quzhou, as a place of showing worship to Confucius, is not only as grand and well-known as the Confucius Temple in Qufu, but it is also widely acclaimed in the border cities of the four provinces for its unique architectural style and layout features, and its nature and functions are comparable to that of the Confucius Temple in Qufu.

The Confucius Temple in Quzhou, as the residence of Confucius's descendants and a place for representatives of Confucianism around the world to attend the Confucian ceremonies, includes both the same buildings as the Confucius Temple in Qufu, such as the Dacheng Gate, the Dacheng Palace, the Liangwu Hall and the Ancient Dancer Platform. It also features buildings with Quzhou characteristics, reflecting both the characteristic culture of Confucianism in Southern Confucius Clan and expressing the unique affection of the Confucian Southern Clan for the Confucian family. The characteristic buildings of the Southern Clan of Confucius Family Temple in Quzhou include the Silu Attic, the Five Branches Ancestral Hall, the Six-generation Duke Hall, the Succession of Duke Hall, the Hall for Things Bestowed by Emperors, and the Hall for Officials Making Contributions to Southern Confucian clan.

The Silu Attic is located on the west side of Dacheng Hall of Confucius Temple. "Silu" means that the descendants of Confucius in the South miss their hometown. The Silu Attic was designed and built by the descendants of the Southern Confucian clan to express their feelings to families and relatives in Qufu, Shandong Province. The top floor of the building is dedicated to the pistacia chinensis sculptures of Mr. and Mrs. Confucius, and the basement for the monument to Confucius. The Silu Attic is the most distinctive building of the Southern Clan's family temple, which is unique across the country.

The Five Branches Ancestral Hall is also unique to the Confucius Temple across the country, in which the ancestors of the five branches of the Confucius clan are worshiped including Confucius's grandfather Boxia, great-grandfather Fangshu, great-great-grandfather Qifu, fifth ancestor Mujinfu, and sixth ancestor Kong Fujia.

The Six-generation Duke Hall is dedicated to the six generations of Duke Yansheng from Kong Duanyou to Kong Zhu. From Kong Duanyou, the 48th eldest grandson of Confucius, to Kong Zhu, the 53rd eldest grandson, the Confucian Southern Clan has a total of six generations of Duke of Yansheng in Quzhou, including Kong Duanyou, Kong Jie, Kong Jin, Kong Wenyuan, Kong Wanchun, and Kong Zhu, who are called "Six Generations of Duke Yansheng".

The Succession of Duke Hall is dedicated to the fifteen generations of Doctor of five classics of Hanlin Academy from Kong Yansheng in the Ming Dynasty to Kong Qingyi in the late Qing Dynasty.

The Hall for Things Bestowed by Emperors was repaired in 1988, and the building is used to store the gifts from the emperors and the court to the direct descendants of Confucius.

Baogong Hall, the Hall for Officials Making Contributions to Southern Confucian clan. It is dedicated to the officials who have contributed to the Southern Clan of Confucius in all dynasties. In the Song Dynasty, Sun Zixiu, the mayor of Quzhou, who did his best to build the family temple, Zhou Mu, the mayor of Quzhou, Shen Jie, the mayor of Quzhou, and Zuo Zongtang, the governor of Zhejiang, who helped the Confucian Southern School during the Tongzhi Period of the Qing Dynasty, did their best for the revival of the Confucian Southern School.

These buildings are not found in any other Confucian temple in the world, and they are the characteristics of the Southern Confucian Family Temple in

Quzhou.

In order to further highlight the cultural heritage and social edification function of the Confucian Southern Clan Temple, and to promote the creative transformation and innovative development of the excellent Chinese traditional culture, the Southern Clan Confucian Ceremony was restarted on September 28, 2004 under the planning of Confucius's 75th generation grandson, Kong Xiangkai. Since then, Quzhou has held the Confucius Ceremony on September 28 every year. In 2011, the ceremony was included in the third batch of national intangible cultural heritage extension projects.

Nowadays, the South Confucian Family Temple has been renovated many times, which has become a beautiful scenery, a special cultural card, and a cultural tourism center. It is attracting a large number of tourists at home and abroad to visit and study every year, which makes a great contribution to promoting the harmonious economic and cultural development of Quzhou.

第四章

孔氏南宗家庙的镇庙之宝

第一节　孔子及亓官夫人楷木像的来历

传说孔子及亓官夫人楷木像为子贡所刻,楷木像古朴厚重,生动地彰显了孔子与亓官夫人的形象。《衢州孔氏南宗家庙志》中描绘说:"楷木雕像相传为孔子学生端木子贡手镌,表面呈褐色,孔子雕像高38厘米,亓官夫人雕像高41厘米。孔子阔额,身着大袖长袍,手捧朝笏(hù),神态威严;亓官夫人长裙垂地,雍容大方。原供奉在曲阜孔府中。"(图4-1)

图4-1　孔子及亓官夫人楷木像

一、子贡简介

子贡,即端木赐(公元前520年—公元前456年),复姓端木,字子贡。儒商鼻祖,春秋末年卫国(今河南省鹤壁市浚县)人。孔子的得意门生,孔门十哲之一,善于雄辩,办事通达,曾任鲁国、卫国的丞相,还善于经商,是孔子弟子中的巨富。

孔子给予子贡高度评价,认为他是地位尊贵、有专业才能的人。《论语》(5.4)子贡问曰:"赐也何如?"子曰:"汝器也。"曰:"何器也?"曰:"琏瑚也。"琏瑚,是宗庙盛黍稷即小米、黄米的器具。但是它绝非一般的盛食器,而是置于大堂之上、宗庙之中、黄泉之下,极为尊贵、超绝华美,与鼎相配而且同用,是世代永远流传的大宝礼器。

同时,孔子对弟子们提出更高更全面的要求。《论语》(2.12)子曰:"君子不器。"(孔子说:"君子不能像器具那样,只有某一方面的专门用途。")君子是孔子心目中的理想人格,对内担负治国安邦之重任,对外能够应对四方,不辱使命。所以,孔子认为人应当博学多识,多才多艺。

孔子认为子贡头脑聪慧,从不安于现状,而且善于经商。《论语》(11.19)子曰:"回也其庶乎,屡空。赐不受命而货殖焉,亿则屡中。"(孔子说:"颜回呀,他的道德修养已经差不多了,可是他常常很贫困。端木赐不听天由命,而去做生意,猜测市场行情往往很准。")

孔子对颜回的评价一直很高,认为他安贫乐道,求仁而得仁,而子贡不拘泥于现状、敢于尝试、头脑聪明,凭借聪明才智,经商致富。

二、楷木的来历

楷木之楷,不读 kǎi,读 jiē。楷木是孔子故乡山东曲阜孔林中一种特有的树种。传说孔子病重,子贡当时在外经商,日夜兼程还是未能见到老师最后一面。子贡奔丧时,带着南方特有的树种楷木,带到曲阜并种植在孔子墓旁,以寄托哀思,表达歉意。楷木坚韧而纹理细腻,枝杈直而不曲,分红、黄两色,适合雕刻艺术品。

三、子贡庐墓处

孔子死后,众弟子云集其墓前守丧三年,然后相继离去,唯有子贡守墓六年。

关于子贡为什么给老师守墓六年,说法不一。第一种说法是,子贡为了尽弟子的孝道。第二种说法是,子贡是个商人,家中富有,不用为生计担忧,有条件守墓六年。第三种说法是,子贡对孔子心有愧。孔子病危时,众弟子都在孔子身边端汤送水,嘘寒问暖,唯有子贡外出经商,不在身边。子贡觉得对不起老师,决定以守墓六年的实际行动报答老师的教诲之恩。

子贡在孔子墓旁结庐而居,守墓六年。守墓期间,子贡用楷木雕刻了孔子和师母的形象,寄托对两人的思念之情。后人为纪念此事,在孔子墓西建屋三间,立碑一座,题为"子贡庐墓处"(图4-2)。

图4-2　子贡庐墓处

第二节　命运多舛的楷木像

晚清太平天国时期(1851年—1864年),太平军大规模进入衢州主要有两次:咸丰八年(1858年),石达开率部由江西进入衢州;咸丰十一年(1861年),李秀成、李世贤率部围攻衢州,战争对衢州的社会生活产生了巨大破坏,孔氏南宗家庙也未能幸免于难,家庙被毁,一片狼藉,供奉楷木像的思鲁阁仅存承柱础石,楷木像不幸遗失。

咸丰十一年(1861年),李元度驻兵衢州与江山,和总兵李定太、刘培元共同守卫衢州。李元度为晚清将领,《清史稿》称其"擅文章,好言兵"。李元度对孔氏南宗颇为关注,他准备拜谒家庙,结果听说家庙被毁,楷木像也不知何处去了。尽管处于战乱时期,但李元度认为圣像遗失事关重大,于是让刘培元等人想尽办法查找圣像下落。第二年,有个当地领导百人的小头目,看到江山有位卖糖人的扁担头挂着楷木像,喜出望外,以四百文的价格买下了圣像,所幸圣像完好无损。当地官吏闻讯后,欣喜万分,敲锣打鼓将圣像恭送入庙。同时,官府又对孔庙进行了修葺,并告诫士兵不得进入孔庙。

孔子及亓官夫人楷木像最大的危机发生在抗日战争时期。抗日战争期间,日寇飞机多次对衢州进行轰炸。1939 年 5 月,国民政府为了保护奉祀官及国家至宝孔子夫妇楷木像的安全,电令浙江省政府速令孔子第七十四代嫡长孙孔繁豪护送楷木像离开衢州,指定将圣像移往浙南龙泉。孔氏南宗奉祀官孔繁豪恭护圣像到达龙泉,供奉地点在离龙泉县城六十里路的一个小镇上的李氏家庙之中。随着战争形势的发展,圣像又被转移到庆元。多亏了孔繁豪护圣像的避居之举,楷木像才得以保存,因为 1942 年和 1944 年,日寇两次攻占了衢州这座千年古城,孔氏南宗家庙的祭器、礼器等均被洗劫。虽然孔繁豪渴望楷木像早日重回家庙,可惜他未能等到抗战胜利的那一天,于 1944 年 10 月去世。庆元县的吴育园老人曾写过《奉祀官在大济》一文,文中说:"孔繁豪一生恭护孔子圣像,忠于孔孟之道,宣扬仁政道德,施行温良恭俭让,让人敬佩!"

抗战胜利以后,1946 年 8 月 26 日,孔子夫妇楷木像在数名军人的护送下,安全到达衢县。第二天,孔氏南宗家庙举行了盛大的圣像还庙祭祀典礼。

1959 年,山东曲阜筹备中华人民共和国国庆十周年庆典,布置孔府、孔庙的陈列工作,为了使陈列更加丰富和充实,特借孔端友南渡背负的孔子夫妇的楷木像。同年 8 月 1 日,浙江博物馆同意借给山东复制。9 月 27 日,山东借去了保存在孔氏南宗手中 832 年之久的楷木像。孔子及亓官夫人楷木像现存山东曲阜孔府。

如果说孔子是中国文化的符号标志,那么孔子及亓官夫人楷木像,不但是儒门的"圣物",也是衢州百姓心中的"圣像"。楷木像的传奇,既展现了孔氏族人的家传珍宝与人共观瞻的传统,又体现了孔氏南宗和北宗一家亲的优良家族传统。

第三节　吴道子所绘孔子像

孔子第四十八代嫡长孙、衍圣公孔端友扈跸南渡时,除了背负孔子及亓官夫人楷木像外,还护持唐代吴道子所绘孔子像"先圣遗像"。

一、吴道子简介

吴道子(约公元 680—759 年),唐代著名画家,画史尊称画圣,又名道玄,今河南禹州人。吴道子曾向张旭、贺知章学习书法,后改学绘画。因为吴道子在画坛上有些名气,公元 713 年左右,被唐玄宗召到京都长安,入内供奉,充任内教博士,并命他"非有诏不得画"。宋代大文豪苏轼在其所作的《书吴道子画后》中写道:"诗至于杜子美,文至于韩退之,书至于颜鲁公,画至于吴道子,而古今之变,天下之能事毕矣。"杜子美即杜甫,韩退之即韩愈,颜鲁公即颜真卿。在苏轼看来,杜甫、韩愈、颜真卿、吴道子分别在诗、文、书法、绘画领域达到了最高境界。吴道子不仅善于画山水画,画人物也颇能传神,笔势圆转,衣服飘带如迎风飘扬,后人称这种风格"吴带当风",苏轼称其"所谓游刃有余,运斤成风,盖古今一人而已"。

二、吴道子所绘孔子像

吴道子绘画作品众多,而孔子像则是其重要代表作品之一,在历史上影响深远。唐代吴道子所画的"先师孔子行教像"栩栩如生地描绘出了孔子的形象,他亲切和善,身躯稍微前倾,表现出了孔子的温良恭俭让的德行,两手相握,手背向外,腰带佩剑,彰显一代圣人文武兼备(图 4-3)。孔夫子佩剑,这跟他精通并传播礼、乐、射、御、书、数六艺有密切关系。孔子会舞剑,谙熟射箭,随身佩剑,方便教学。孔子随身佩剑是

图 4-3　吴道子所绘孔子像

教学的需要,是他执教的重要标识,也是"万世之师"的风范。

三、先圣遗像碑

南宋初年,孔氏家族南渡时,将唐代吴道子所画的"先师孔子行教像"带到衢州,由孔氏家族世代相传。宋代以来孔氏就有将孔府、孔庙所存各种形式的孔子像摹勒上石,以图久存的家族传统。孔子第四十六代孙孔宗寿就曾于宋绍圣二年(1095年)将"家藏唐吴道子画先君夫子按几而坐,从以十弟子者"刻制于石。孔传、孔端友南渡定居衢州后,出于传统的继承和祭祀的实际需要,以从孔府带来的吴道子绘《孔子佩剑图》为母本石刻《先圣遗像》是符合逻辑的。孔传、孔端友立石于衢州孔庙"思鲁阁",《先圣遗像》的刻制时间应在宋建炎二年至绍兴二年(1128年—1132年)间,《先圣遗像》全碑高207厘米,宽85厘米。该碑正面刻绘《先圣遗像》,右下方款题"扈跸南渡四十七世孙兵部尚书传,四十八代世袭衍圣公孔端友立"。

第四节　孔子及亓官夫人楷木像的传奇故事

孔子及亓官夫人楷木像是孔府历代最珍贵的祖传瑰宝,是孔氏大宗的象征,被历代王朝都视为国宝,而且在孔氏家族后代子孙的心目中,是孔子的化身,珍贵无比。

清乾隆年间,笔记小说家冯世科在其作品中记述"鲁阜山神护圣像"的传说:"衍圣公孔端友负楷木像扈跸来南,夜泊镇江。奉像舟覆浪中,有三神人逆流而上,得之江滨。公焚香祷谢,烟篆'鲁阜山神'四字。"(孔端友身负孔子与亓官夫人楷木像扈跸南渡到达江苏镇江时,夜里风浪大作,所坐船只被大浪掀翻,楷木像掉入江中。此时,有三位神人逆流而上,双手捞起圣像并将其送至江边,孔端友及其随行族人也顺利脱险。此后,孔端友焚香向神人祷告致谢,烟雾中出现"鲁阜山神"四字。)

孔端友寓衢以后,为感谢家乡山神的庇佑,建专祠祭祀鲁阜山神。民间相传鲁阜山神屡屡灵验,百姓敬之,称为"三圣",所以鲁阜山神庙又称三圣庙。这也正是民国时期衢州地区出现众多三圣庙的重要原因,正如《衢县志》中所载:"三圣之祀,遍于衢地。三家之村、三叉之路及于园圃之间,几乎无处无之。"

第五节 文 化 交 流

The Legend about the pistacia chinensis sculptures of Mr. And Mrs. Confucius

The pistacia chinensis sculptures of Confucius and his wife are the most precious ancestral treasures of the Confucius Temple for generations. The sculptures are the symbol of the Confucian clan, which have been regarded as a national treasure by all the previous dynasties. In the minds of generations of the Confucius family, the pistacia chinensis sculptures of Confucius and his wife are the embodiment of Confucius and is the supreme God. They are of great importance in the eyes of Confucius clan.

At the beginning of the Southern Song Dynasty, when the Jin soldiers invaded the south, Emperor Gaozong of the Song Dynasty went south in a hurry and established his capital at Lin'an (now Hangzhou). Kong Duanyou, the eldest grandson of Confucius 48th generation, carrying the pistacia chinensis sculptures of Confucius and his wife, along with Kong Chuan, leading the Confucian clan to leave the ancestral temple, followed Gaozong of the Song Dynasty day and night. About Kong Duanyou and his protection of the pistacia chinensis sculptures of Confucius and his wife, there is a legend.

In Quzhou, there is a popular legend of Mountain God Protecting Sculptures of Confucius and His wife. During the Qianlong period of the Qing Dynasty, the notebook novelist Feng Shike in his works described "Lufu Mountain Gods Protecting Sculptures": When Kong Duanyou, the eldest grandson of Confucius 48th generation, arrived in Zhenjiang, Jiangsu Province, carrying the pistacia chinensis sculptures of Confucius and his wife, wind and waves were fierce at night and the ship was overturned. At that time, there appeared three God hands holding the sculptures of Confucius and his wife to the bank of river safely. Kong Duanyou burnt incense to thank these Gods, appearing Lufu Mountain God in the sky.

After Kong Duanyou settled down in Quzhou, he built a temple for sacrifice to Lufu Mountain God to express his gratitude for the protection. There was a folk legend that the Mountain God of Lufu repeatedly made their presence felt, the people call them "Three Saints", so Lufu Mountain God Temple was also known as Three Saint Temple. This is the important reason why there were so many Three-Saint temples in Quzhou during the times of the Republic of China.

第五章

孔氏南宗家庙内的匾额与楹联

第一节　匾额与楹联

自古以来，我国各种标志性建筑，从单座房屋到大的建筑组群都有名称，多以匾额的形式命名。匾额，分为横匾和竖匾，一般用于大门、二门、大佛殿、牌坊上。

我国古建筑用的匾额有两种意义：一是表明建筑本身的名称；二是挂在房檐下寓意对建筑主人的事业、人生、成绩、环境或对建筑本身的赞扬语句。建筑物用文字艺术来表现，意境深远，给人以美好的向往与追求，留下无限遐想。

有时，建筑前端横匾两侧还要挂上楹联。楹联以对仗工整、简洁精巧的文字描绘美好形象，抒发美好愿望，是中国特有的文学形式，它是中华民族的文化瑰宝。楹联一般具有言简意深、对仗工整、平仄协调、书法水平高、雕刻手法精妙等特点。布局设计上通常押韵、和谐、长短一样、色调协调。

衢州孔氏南宗家庙作为内涵深厚、特色鲜明的古代建筑，楹联是其重要组成部分，反映了孔氏家族的起起落落，也体现了孔氏家族文化的博大精深，更是孔氏南宗文化的重要载体。学习孔庙内匾额和楹联文化，既有助于我们学习传统文化，加深对孔氏家族文化的了解，又有助于我们提高文化素养，思考当下的生活，更好地自处以及服务社会。

第二节　孔氏南宗家庙大成殿内外的匾额与楹联

衢州孔氏南宗家庙为明代建筑，位于衢州市柯城区新桥街，庄严肃穆，文化特色鲜明，是国务院公布的全国重点文物保护单位。行走其中，吸引人们目光的不仅有饱经沧桑的古木，而且有气势恢宏的各种建筑物，每个建筑蕴含着深厚的儒学文化内涵。衢州孔氏南宗家庙建筑群分三路布局，呈中轴线、西轴线、东轴线分布，其中大成门、大成殿位于中轴线上。孔氏南宗家庙内西侧为翰林院五经博士署，俗称孔府。内宅后为孔府后花园，是一座典型的私家园林和古建筑群。不同的建筑物，匾额与楹联的内容、风格与书法也各不相同，其蕴含丰富的文化内涵。

一、大成门的竖匾和楹联

衢州孔氏南宗家庙大成门是通往大成殿区域内的正门。古人赋予"大成"的含义是："事业大有成就。""学问大有成就。""道德智慧最完美的成就。"一般"大成"是专对孔子的赞誉，出自《孟子》："孔子之谓集大成。"赞扬孔子思想集古圣贤之大。所以，后世君主尊孔子为"大成至圣先师""大成至圣文宣王"。

大成门上悬挂着雍正皇帝书写的"大成门"竖匾，两旁悬挂着雍正御书楹联："先觉先知为万古伦常立极，至诚至圣与两间功化同流。"其义指先知先觉的孔子为千秋万代的伦理道德树立了标准法则，道德高尚的孔子有培养教化天地万物的功德。大成门又称仪门，表示凡进入此门者应该衣冠整洁，仪表堂堂，以示对孔子的尊敬。

二、大成殿的匾额和楹联

大成殿前的匾额"生民未有"，是雍正皇帝御笔题写（图 5-1），意思是，有人类以来，还没有全面超过孔子的，该匾额用于昭示后人铭记孔子在创立儒家文化中的

图 5-1　大成殿前的匾额

至尊地位。"生民未有"一词出自《孟子》。《孟子·公孙丑上》记载了孔子三位弟子（宰我、子贡、有若）对孔子的推崇。其中，子贡说道："自生民以来，未有夫子也。"有若则说："圣人之于民，亦类也。出于其类，拔乎其萃，自生民以来，未有盛于孔子也。""生民"，意为人类诞生，"自生民以来，未有夫子也"，其意是，自从人类诞生以来，没有能超过孔夫子的。

大成殿内高悬的匾额为"万世师表"是康熙皇帝题写。"万世"，即世代久远；"师表"，即表率，"万世师表"意思是历经千万世，孔子亦堪为楷模和表率，即孔子是值得永远学习的榜样。《三国·魏志·文帝纪》记载："昔仲尼大圣之才，怀帝王之器……可谓命世之大圣，亿载之师表者也。"

大成殿有两副楹联，分别为雍正皇帝和乾隆皇帝所题写。

雍正皇帝题写的楹联，上联为"德冠生民，溯地辟天开，咸尊首出"，下联为"道隆群圣，统金声玉振，共仰大成"。其中的"生民"即指人类，"德冠生民""道隆群圣"即盛推孔子为"至圣"。"首出"之意为杰出。"金声玉振"意为音韵响亮、和谐，比喻人的知识渊博，才学精到，语出《孟子》："集大成也者，金声而玉振之也。金声也者，始条理也；玉振也者，终条理也。始条理者，智之事也；终条理者，圣之事也。""大成"则是知识渊博、德行高尚。这副楹联的大意是：孔子的德行为生民之先，追溯这是自开天辟地以来，人们都敬重的第一位；孔子的道学为诸圣贤之集大成者，统领各类学科，大家都仰望他的学术。由此可见雍正对孔子的尊崇之意。

乾隆皇帝题写的楹联，上联为"气备四时，与天地鬼神日月合其德"，下联为"教垂万世，继尧舜禹汤文武作之师"。上联中所说的"气备四时"，原指春夏秋冬四时之气，现形容孔子的气度恢宏阔大；"与天地鬼神日月合其德"源于《周易》，意为：孔子的德行与天地相合，明察与日月之明相合，恩威与四时之序相合，赏罚与鬼神之吉凶相合。下联中所指的尧、舜为大家所熟知，尧、舜、禹是自黄帝之后，黄河流域先后出现的三位部落联盟首领，是传说中的上古帝王，与黄帝、颛顼（zhuānxū）、帝喾（kù），并称"五帝"。禹，舜的继承人，大禹治水的事迹广为世人所知。汤，商朝的开国国君。"文武"指周文王与周武王。在古人心目中，尧、舜、禹、汤、周文王、周武王不仅是圣明君王的典范，而且是孔子之前以道相授受的关键性人物。韩愈在《原道》之中写道："尧以是传之舜，舜以是传之禹，禹以是传之汤，汤以是传之文武周公，文武周公传之孔子，孔子传之孟轲，轲之死，不得其传焉。"乾隆所作的上联盛推孔子道德崇高,学问深广,下联推崇孔子在文化传承与发展中的至高地位。此对联气势恢宏,符合孔子这位"万世师表"的思想家、教育家的崇高地位与身份。

清朝皇帝题写的匾额与楹联表达了他们对孔子与儒家文化的尊崇,这种尊崇与古代士人对孔子的景仰是完全一致的。大成殿的匾额与楹联高度概括了孔子的成就与其对中国的深远影响,不由得使世人对孔子心生敬意。

第三节　孔氏南宗家庙内的其他匾额与楹联

孔氏南宗家庙内其他的建筑物也有其独特的匾额与楹联。

一、孔府门上楹联

孔氏南宗家庙内的孔府大门上有金字楹联"与国咸休安富尊荣公府第,同天并老文章道德圣人家",出自清代才子纪晓岚。"与国咸休"是指儒家思想成为封建社会的正统思想;"同天并老"是指天人合一、天人感应之说。上联写孔子府第安富尊荣,富荣同国盛大,气魄非凡,表示孔家富起来没有尽头,会永远富下去,表达对孔子后人的祝福。下联赞美孔子的文章流传千古,与天齐老,表达对"圣人"文章道德的崇敬之情,此对联是孔氏尊贵地位和儒学思想重要性的真实写照。

二、孔氏家塾匾额和楹联

孔氏南宗家庙内孔氏家塾匾额为"问己",楹联是:"学之习之温之乐之好之读书百年,仁与义与礼与知与信与修己一生。"

"问己"就是自己问自己,扪心自问。《论语》(1.4)曾子曰:"吾日三省吾身:为人谋而不忠乎? 与朋友交而不信乎? 传不习乎?"《论语》(15.24)子贡问曰:"有一言而可以终身行之者乎?"子曰:"其恕乎! 己所不欲,勿施于人。"人的一生道德修养提高的过程就是我们自己不断觉知与自省的过程。

上联"学之习之温之乐之好之读书百年",向人们清楚地道明了读书的重要性。读书不仅有利于个人成长,更是服务国家最有效的途径之一:"富家不用买良田,书中自有千钟粟。安居不用架高堂,书中自有黄金屋。出门莫恨无人随,书中车马多如簇。娶妻莫恨无良媒,书中自有颜如玉。男儿欲遂平生志,五经勤向窗前读。"

下联"仁与义与礼与知与信与修己一生"告诉人们要不断地修行,就是为了做更好的自己,影响更多的人,做一个有益于他人、集体、社会的人。"修己以安百姓"是孔子一生的追求。

三、其他楹联

孔庙后花园的一副楹联:"尼山根柢家声远,泗水渊源圣泽长。"尼山原名尼丘山,孔子诞生地。根柢是根基的意思,泗水孕育诞生了儒家文化,被称为"圣源",道出孔氏南宗对家乡的思念、对先祖的尊崇。

还有下面这两副楹联也是形容孔子的道德修养:

上联:德大千年祀。下联:名高万世师。(孔子的道德广大,使其去世后两千多年间都得到官民的祭祀;孔子的名声崇高,使其被后人尊为万世师表。)此联褒赞了孔子的道德及为人师表的名声。

上联:夫子贤于尧舜远。下联:至诚可与天地参。(孔夫子比尧舜要贤良广远,他对化育生民的虔诚可以和天地媲美。)此联肯定了孔子的地位,亦是对儒家思想的高度评价。

第四节　文　化　交　流

The Southern Confucius Ancestral Temple

There are only two Confucius royal temples in China, one is the Northern Confucius Clan in Qufu, Shangdong Province and the other is just here, the Southern Confucius Clan in Quzhou, Zhejiang Province.

Confucius is a great thinker and educator of ancient China. He passed away

2,500 years ago, yet his descendants spread all over the country. The theory of Confucianism had great influence not only on the upper ruling class, but also on the common people from generation to generation.

Quzhou is the second hometown of the Southern Confucius descendants and entitled the Imperial Palace of the Southeast. In 1129 of Southern Song Dynasty, the Jin troops invaded southward. Emperor Song Gaozong rushed to the southern part in panic and chose Lin'an (Hangzhou now) as the capital. Duke Yansheng Kong Duanyou, the eldest grandson of Confucius 48th generation, followed the emperor to the South, carrying the sculptures of Mr. and Mrs. Confucius, and the portrait of Confucius painted by Wu Daozi, the famous artist of the Tang Dynasty (618—907). In the spring of 1129, Kong Duanyou took Quzhou as his residence in the southwest of Hangzhou. Since then, Quzhou has become the second hometown of Confucius's descendants of his immediate relatives.

After the reunification of the China by Emperor Yuan Shizu, in the August of 1282, he summoned Duke Yansheng, Kong Zhu, the sixth generation of Confucius in Quzhou, to Beijing and ordered him to offer sacrifice to his ancestors in Qufu with peerage. But Kong Zhu abdicated the peerage to his brothers in the northern Clan in Qufu because not only the tomb of the ancestors but also the Confucius Ancestral Temple had been built in Quzhou. Emperor Yuan Shizu agreed with him and praised him as the real descendant of Confucius for he preferred to violate his own honor rather than morality and justice. From then on, the South Clan lost the peerage which had been inherited for thousands of years since Han Dynasty. The Confucius descendants of his immediate relatives who lived in Quzhou were called the Southern Confucius Clan and those who lived in Qufu were called the Northern Confucius Clan.

In 1506 of Ming Dynasty, Emperor Zhu Houzhao succeeded the throne. He took orders from the late emperor, and conferred Kong Yansheng, the 59th eldest grandson of the direct family line, the title Erudite of the Five Classics in Imperial Academy and this was hereditary to his offsprings. Then after the

Confucius descendants had been lost their peerage for 224 years, they were conferred the title once again. In 1919, Kong Qinyi, the 73rd eldest grandson of the direct family line, who was the Erudite of the Five Classics, was appointed as Sacrificial Officer of the Confucius Ancestral Temple of the South Clan by the Republic of China, So did the seven-year-old Kong Xiangkai, the 75th eldest grandson of the direct family line in 1947.

Confucius Ancestral Temple in Quzhou was built in 1253 and the fund was appropriated by Government of Song Dynasty. It was built in proportion to the temple in Qufu and later it was destroyed in warfare. The temple we see today was built in Ming Dynasty, and was in proportion to the Temple in Song Dynasty. It was the national key cultural relic protection unit. In 2000, Quzhou Municipal People's Government rebuilt the west axle line and Confucius mansions and Confucius Garden with an area of 14,000 square meters. It consists of three parts: Confucius Temple, Confucius Mansions, and Confucius Garden.

The history has witnessed the rise and fall of the Southern Confucius Clan, but the preaching of the Confucianism has been passed on from generation to generation. They left trails of preaching and lecturing behind them throughout the areas in the south of the lower Yangzi River. This made Quzhou the center of promoting and popularizing Confucianism in this area. And all these play an important role in the development of the economy, politics, culture, and society in this area.

第六章

孔氏南宗历史人物与孔氏南宗文化

第一节　孔氏南宗族人

南渡之初,孔氏德高望重的族长孔传著书立说、居家收徒,传播儒学文化,在政治、经济、宗族、教育等方面对孔氏南宗产生了深远影响。在悠久的历史长河中,孔学文化一直是中华民族儒学文化的主流,随着孔氏南迁,衢州也逐渐成为江南儒学文化的中心,孔氏南宗对衢州的社会、文化、教育、经济、旅游都产生了深远的影响。

孔氏南宗族人秉承诗礼传家传统,认真践行先圣倡导的仁、义、礼、智、信等思想,他们注重教养,体贴民情,致力于改善社会风气,以崇高的人格风范感化当地民众,恪尽职守、尽忠报国,很快涌现了一大批忠臣义士,孔传、孔端友、孔端朝、孔端隐、孔应得、孔淮、孔洙、孔涛、孔克仁、孔贞时、孔贞运、孔庆仪等,都是孔学思想和儒家精神忠实践行者。

孔氏南宗后裔担任学官,创办学校,授业解惑。据徐映璞先生的《孔氏南宗考略》中记载,南宋152年的历史中,南宗出了26位名贤,其中,有24人为官,颇有政绩;1人治学,著书立说;1人从教,是明道书院山长。到了元代,南宗出了33位名贤,其中为官11人,从教22人。元代89年的历史中,平均不到三年出一位名贤,南宗依然不愧为名门望族。但与南宋相比,元代孔氏名贤从政比例明显下降,从教比例明显上升。后来,从事教育的孔氏族人越来越多,据记载,自南宋到近代一百多位孔氏名贤中,有一半从事文化教育工作。如孔子第五十代世孙孔元龙担任柯山精舍山长,以德治学,声名远扬。据记载,孔元龙逝世时,他的学生不少于300人前来祭奠,哀恸之声震天动地,轰动整座衢州城。

衢州孔氏南宗家庙里的六代公爵祠里,祠祀自孔端友至孔洙六代衍圣公。孔氏南宗从第四十八世孔端友到第五十三世孔洙,衍圣公在衢州共传了六代,先后有孔端友、孔玠、孔搢、孔文远、孔万春、孔洙,史称"六代公爵"。本章主要介绍两位孔氏南宗人物,分别是孔端友和孔洙。

第二节　孔氏南宗始祖孔端友

一、孔端友生平

孔端友生于元丰元年(1078 年),卒于绍兴二年(1132 年),字子交,北宋仙源县(今山东曲阜)人。孔端友是"奉圣公"孔若蒙长子。孔若蒙是孔子的第四十六代孙。宋哲宗元符元年(1098 年)废掉孔若蒙的爵位,由其弟孔若虚袭封奉圣公。孔若虚死后,仍由孔若蒙的长子孔端友袭封衍圣公。因而孔端友是孔子第四十八代嫡长孙。

孔端友少年时,秉性聪慧,热爱读书,精通四书,擅长书画。绍圣十年(1095年),孔若蒙修葺家庙,年仅 18 岁的儿子孔端友为家庙摹勒(依样描字刻石)晋顾恺之的"夫子小影"于石,至今仍保存在曲阜孔庙中。崇宁三年(1104 年),孔端友 26岁,被授为朝奉郎、直秘阁,袭封衍圣公,主管祀事。

孔端友被封为衍圣公后,进德修业,勤于孔庙的祭祀和圣府的内部事务。由于精于职守,政和五年(1115 年),37 岁的孔端友被授"至圣文宣王庙祀朱印"一枚。宣和三年(1121 年),宋徽宗复转孔端友通直郎,除直秘阁,赐绯章服,并许就任关升(按一定资历经核准升官)。诰曰:"尔先圣之系,效官东鲁,积年有余,通籍金闺,升芸华阁,以示崇奖,汝尚勉哉!"(诰上说:"你是孔子后裔,祖上报效鲁国,修善积德有余,出入朝堂,特升为省中藏书、校书处。予以推崇奖励,你要恪尽职守,兢兢业业,继续努力。")

二、孔端友扈跸南迁

靖康二年(1127 年),金灭北宋,宋康王赵构在南京应天府(今河南商丘)称帝,建立南宋,改年号建炎。建炎二年(1128 年)11 月,南宋高宗赵构在扬州行宫举行继统后首次祀天大典,衍圣公孔端友与族长孔传奉诏陪位。孔端友返曲阜不久,金兵大举南下,因济南知州长刘豫叛宋,形势急转直下。金兵破北京,占兖州(今山东省济宁市),锐不可当。

孔氏族人忧虑重重,对家族和国家的未来都充满担忧。一旦曲阜被金兵攻占,该往何处去？孔子第四十八代嫡长孙、衍圣公孔端友在族长孔传的支持下，除留胞弟孔端操留守阙里林庙外，遂恭负传家宝"孔子及亓官夫人楷木像""唐吴道子绘孔子佩剑图"和"至圣文宣王庙祀朱印"等，率部分族人南渡，历经扬州，到达杭州。朝拜宋高宗，述说蒙难之苦，恭请皇上赐家建庙，重新祀奉先圣，宋高宗感于孔端友奉诏南渡之功，赐家衢州，在衢州继续行使衍圣公职权。

衍圣公孔端友及其族人来到衢州后，一方面心忧天下，关怀时局，济民救时；另一方面秉承曲阜家风，传承诗礼，为衢州南宗家族文化的形成与演进奠定坚实基础。他们来到衢州开创孔氏南宗基业，传承弘扬家族文化，为朝廷效力。自此，浙江衢州就成了孔子嫡长孙的第二故乡。因为衢州位于长江以南，故世称"孔氏南宗"，孔端友也由此成为孔氏南宗始祖，衢州从此成为江南儒学文化中心。

三、孔端友弘扬家族文化，践行儒家政治思想

建炎三年（1129 年），也就是孔氏族人抵达衢州当年年底，孔传出任峡州（今湖北宜昌）知州。孔端友肩上的担子更重了，更加努力地操持家族事务。在他的主持和族人的共同努力下，南渡之后的祭祀、会族等活动逐渐得以开展，孔氏家族诗礼相传的传统得以继承。同时孔氏族人与当地士民的交往也逐渐增多，为孔氏族人融入地方并为地方做贡献奠定了良好基础。

建炎四年（1130 年），孔氏南宗的家族事务与活动逐渐步入正轨，也正是在这一年，朝廷委任孔端友为郴州知军（湖南省郴州市）。孔端友赴任郴州之后，在较短的时间内熟悉了当地的经济与社会状况，努力推动当地农业生产。然而，当时郴州一带社会问题相当突出，阶级矛盾十分尖锐，绍兴元年（1131 年）三月，李冬至二于宜章（湖南省郴州市宜章县）起义，孔端友尽管努力迎战，但无法取胜。在这种情况下，朝廷派曹伯达任郴州知州，改任孔端友主管洪州玉隆观，主管一职亦称奉祠，是朝廷为安置年老退休或难以任事的官员的职务，领取俸禄，而没有具体事务。

绍兴二年（1132 年）夏，由于病痛折磨，孔端友带着对曲阜的思念、对族人的不舍、对时局的忧虑等去世，享年 55 岁。这是他到衢州的第四年。在这短短的几年内，孔端友带领族人适应环境，开展祭祀先祖活动，传播儒学文化，与当地社会相融

合，促进地区文化发展。虽然孔端友在衢州经历了任职郴州知军的一段特殊经历，然而他在孔氏南宗基业的开创与发展中起到了不可低估的积极作用。

第三节 孔氏南宗家庙创始人孔洙

一、孔洙建衢州孔氏家庙

孔洙是衢州孔氏家庙创始人，一生建造了两座孔庙，独具风格。建炎三年（1129 年），阙里孔子后裔护送镇庙之宝随宋高宗南渡，被赐家衢州，"权以州学为家庙"百余年，直到孔洙时代才有了专用的祀孔场所。

宋理宗年间，衍圣公孔洙请求在高宗皇帝赐居的衢州为孔氏建立家庙，使孔子有专飨之庙堂，使衍圣公有祭祀之专所。宋理宗诏拨官钱三十六万缗，修建孔氏家庙于衢州城东北菱湖之上。宝祐元年（1253 年），衢州新建首座家庙（菱湖家庙），次年建成，"仿曲阜之制，追鲁庙之遗，栋宇巍然，丹碧一新"，成为移民江南的孔子后裔的祭祀圣地。菱湖孔庙分庙、府两个部分。其中最具标志性的建筑，是孔洙设计和命名的思鲁阁。菱湖家庙的新建由孔元龙负责，时任衢州通判的孔洙则是重要的主持者。

德佑二年（1276 年），宋恭帝奉表降元，衢州大乱，菱湖孔庙毁于兵火，思鲁阁内的祖传镇庙之宝被转移到孔府残留房舍设坛供奉。宋相留梦炎为人奸诈，见风使舵，打开衢州城门迎降之际，面对庙毁、国亡、城破，孔洙为自己改字"景清"，号"存斋"，以"景行行止"、存圣祖之道作为自己的余生事业。

危难时刻，孔洙召集族众商议，决定举全族之力重建孔庙。不久，孔洙主持、以阖族之力建造的家庙，在南渡孔氏族人聚居的衢州城南鲁儒坊落成。孔洙与归隐衢州的刑部架阁孔应祥、资政殿学士孔应得等族属，依例侍祠，维系和安抚居住江南的孔子后裔，并为过往儒士贤达和衢州百姓祈福，凝聚人心共渡难关。

城南孔庙比菱湖孔庙简陋，但设施齐全，风格依旧。在以修庙祀孔为国事的历代封建王朝两千多年间，由衍圣公主持、合族集资出力建成的家庙仅此一例。孔洙在仕宦、著书、修庙、让爵等方面的突出表现，得到了世人的赞赏。

二、孔洙让爵

元世祖忽必烈许以高官厚禄,于元至元十九年(1282年)春夏征召孔洙载爵归鲁奉祀。七月,孔洙以"江南袭封衍圣公"的身份应诏入觐,离开衢州,经扬州北上,八月抵达曲阜县。他在曲阜县令孔治协助下,留驻巡视两个多月,遍祭祖庙、祖庭、祖林,遍会老少族亲,倾诉江南六代衍圣公离乡思鲁之情,深切感受到160年间祖庭巨变:当年留守阙里林庙的前辈族亲、男女老幼,饱受战乱蹂躏,早已物是人非。对于金、元政权各自利用孔子圣裔,挑拨曲阜孔氏陷于分裂,孔洙倍感忧虑。经过两个多月的深思熟虑,孔洙决计行使大宗之主的特有权威,运用儒家特有的中庸之道,以"让爵"之举阻止元朝统治者"以孔治孔"图谋,挽回曲阜孔氏的圣裔尊严。

孔洙留驻巡视曲阜祖庭两月之后,于十一月离鲁入觐。史料记载,孔洙入觐时,对元世祖委以国子祭酒(国子祭酒是古代学官名,原意是德高望重的祭祀或宴会的主持人,后来引申为"特定人群的地位最尊者",相当于国家最高教育主管),兼提举浙东道学校事(提举,中国古代官职之一,提举是管理的意思),以及朝廷所赐优厚俸禄没有推辞,对朝廷授予护持林庙玺书(诏书)慨然接受,但婉言谢绝归鲁奉祀。孔洙首先奉上儒家经典《论语》和《孔子家语》,宣讲经典要义,表示要继承祖训,做到"忠、孝、仁、爱、礼、义、智、信"八字齐全;继而,坦诚回禀不能接受皇帝的恩赐,须护持衢州先祖庙墓、南还衢州侍奉年迈的母亲,合则宁愿辞去"衍圣公"封号。元世祖身边大臣们再三劝告其奉旨行事,孔洙不为所动,将前宋皇室所颁袭封铜印呈交元世祖。元世祖欣赏孔洙的从容坦诚,赞叹:"宁违荣而不违道,真圣人后也!"他对孔洙的归而不顺、推而不辞并未恼怒,没有强迫其载爵归鲁奉祀,也没有另封"衍圣公"主持曲阜祀事。由此,孔氏大宗失去自汉以来承袭了千余年的爵位。寓居衢州的孔氏嫡裔史称孔氏南宗,寓居曲阜的孔子子孙则称孔氏北宗。

孔洙以"让爵"之举挽回了曲阜孔氏的圣裔尊严,以余生之力维护江南儒学、南宋理学的文化环境,保护沦为元朝第四等人"南人"的江南孔氏及众多儒子免遭歧视迫害。直至孔洙病逝若干年后,元朝才重新确认和赐封衍圣公。

至元二十四年(1287年),程钜夫(元朝名臣、文学家)奉命至江南求贤,举荐了二十多人,孔洙名列其中。宋元政权更迭中,孔洙完美运用儒家智慧,从容应对威逼利诱,恪守忠孝节义,保全孔子家族,"孔洙让爵"典故流传至今。孔洙的一生中,影响最大的事情莫过于礼让爵位。孔洙年六十卒,葬衢州之西安县靖安乡金溪垅。

第四节　孔氏南宗文化

孔子嫡长孙孔氏南宗后人在衢州生息繁衍近九百年,一方面,继承、发展和创新了孔氏文化;另一方面,积极融入江南社会文化环境,孔氏文化与江南文化互相促进、互相影响,由此形成了具有浓厚区域特色的孔氏南宗文化,简称"南孔文化",为衢州人民留下了十分宝贵的文化遗产与精神财富。南孔文化是指南宋初年孔氏南迁后,孔氏文化在不同历史条件和环境下与当地文化不断融合和发展的基础上形成的区域文化体系,主要是在衢州。特色鲜明的孔氏南宗文化是衢州文化的核心,是江南文化的重要核心之一。

南孔文化是以儒家思想为核心的中华优秀传统文化在南方地区,特别是衢州地区的象征符号,南孔文化是儒学文化的重要组成部分,是衢州文化的内核、衢州城市之魂。南孔文化不仅在历史上对衢州经济社会的发展产生过重要影响,而且对当代衢州经济的发展和社会的和谐都起着至关重要的作用。孔氏嫡裔南迁的文化意义主要表现如下:

(1)影响了江南世人的心理结构与思维方式,使南宋学者在思想上逼近儒学原点,并使南宋出现重教兴学之风,从而推动了南宋书院的发展。南宋书院的时空分布也受到了南孔文化的影响,在空间上主要分布在以衢州为中心的江南地区,在时间上则先后形成了孝宗朝和理宗朝的两次发展高峰。

(2)促进了儒家文化在南方的传播,促进学术中心南移。孔氏后裔移居衢州,明显地优化了以衢州为中心的区域人文环境,为当地增添了浓厚的人文意蕴,使衢州在南宋时成为仅次于都城临安的文化中心。同时,许多孔氏子孙走向民间,活跃于东南诸省,为儒学南渐、理学北传贡献自己的聪明才智。

(3)推动了南北文化的融合,改善民风民俗,促进社会稳定。孔氏南迁后,凭借其圣裔身份及民众对其所特有的仰慕之情,积极传播宗族文化,主动吸收江南文化精髓,推进了南北文化的交融。一方面,孔氏南宗后裔崇尚伦理、诗书传家、身体力行等传统对当地社会产生了潜移默化的影响,改善了江南地区士风、民风。另一方面,北方文化也自觉吸收南方文化中重事功等特点,在推动儒学发展演进的同时,形成了别具特色的江南文化。

(4)推动了儒家文化自身的发展。孔氏南宗"独尊"意识的淡化和消融正是南方儒学意识转变的真实体现。这种入世态度,为江南文化注入新内涵的同时,也形成了融孔氏文化与江南区域文化于一体的孔氏南宗文化。大量儒士随着宋室南渡而南迁,在当地文化、地理环境的影响下,逐渐形成了金华学派、永嘉功利学派、永康事功学派等派系。这些学派以朴素、平易的姿态走向民间、走向社会生活,将着眼点落实于现实生活,促进社会发展,丰富儒学文化。

(5)孔氏南宗的教育活动也见证了儒学在南方的融合与转变。民国初年,孔氏承启家塾,改名为尼山小学,走向社会,收授族人、邑人学童。孔氏南宗将其教育由封闭的族塾教育转向广阔的社会教育,以平民的心态融入社会体系中。

(6)孔氏南宗与当地望族一道,促进地方和谐稳定。孔氏南宗主动融入江南社会,同衢州当地郑氏、叶氏、徐氏、毛氏等望族一道,尽忠效国,乐善好施,促进了当地的和谐发展、文化繁荣和社会稳定,先后涌现出了一批又一批忠义之士。

第五节　孔氏南宗文化的现代精神与社会影响

一、孔氏南宗文化的现代精神

孔氏南渡之后,衢州成为圣人孔子后裔的世居地和第二故乡,经历了宋、元、明、清,直至今日已近九百年,儒风浩荡、人才辈出,素有"东南阙里""南孔圣地"的美誉。虽然经历几度朝代更迭,多少世事沉浮,但孔氏后人始终坚守和传播儒家思想的正能量,一路上辛苦劳碌,克服各种艰难险阻,诠释着南孔文化精神。浙江省儒学学会会长吴光教授认为,南孔文化精神主要包含人文精神、孝道精神、礼让精神、包容精神。张宏敏撰写的《南孔文化与浙江精神形成的渊源探析》提到,源远流长的"南孔文化"直接促成了衢州文化的"开放、包容、多元、和谐"。他认为"南孔文化"在浙江精神形成的过程中有八大精神：自强不息的艰苦创业精神、忠贞不渝的爱国主义精神、谦让和谐的道德人文精神、勤勉肯干的敬业奉献精神、崇学重教的诗礼传家精神、唯实求是的求真务实精神、"洙泗同源"的南北一家精神和开放包容的变革创新精神。

二、孔氏南宗文化的社会影响

孔氏南宗文化对衢州、闽浙赣皖四省乃至整个江南的思想文化、道德伦理、民情风俗甚至政治经济诸多方面都产生了深远的影响，衢州也成为南孔圣地和南孔文化发祥地，成为江南儒学中心。孔氏南宗的影响不仅仅局限于浙西南地区，而是辐射到更广的区域，使整个江南呈现儒学之风。孔氏南宗不仅在中国儒家文化和思想发展的历史脉络中有着独特而重要的地位，而且在南宋以后中国文化的发展尤其是整个江南文化发展的历史上也占有重要的地位。1992年衢州成为浙江省历史文化名城，1994年衢州被国务院命名为国家历史文化名城，2019年衢州成为国家级卫生城市，这在很大程度上得益于孔氏南宗家庙丰富的内涵和珍贵的价值。

如今，南孔文化是衢州文化的根和魂，是衢州最具代表性的文化符号。为了更好地传播儒学文化，衢州建造了中国儒学馆。中国儒学馆位于衢州市区新桥街儒学文化区核心区块，背依孔子文化公园，面对孔氏南宗家庙、衢州市博物馆，建筑面积10 105平方米。中国儒学馆是传承弘扬优秀传统文化生动有效的载体和平台，是推动衢州文化建设的一大创举、一大成就，是衢州市委、市政府贯彻落实习近平总书记关于衢州"让南孔文化重重落地"指示的具体行动和有力举措。中国儒学馆是具有广泛影响力、吸引力及参与性强的儒学文化高地，在全国贯彻落实党中央弘扬优秀传统文化工作中具有典型示范意义。

第六节　中国儒学馆

浙江衢州中国儒学馆是一座具有浓郁汉唐风格的庭院式建筑。中国儒学馆于2016年孔子诞辰2567周年开馆，这也成为了"2016衢州孔子文化节祭祀典礼"的重要组成部分。中国儒学馆是浙江省唯一国家级文化产业试验园区——衢州儒学文化区的核心项目,是衢州市弘扬孔子文化、打造文化强市的重要载体(图6-1)。

图6-1 中国儒学馆

中国儒学馆定位于儒学文化的体验中心、展示平台、传承推广中心和儒学典籍的收藏中心。馆内设有吴为山塑孔子雕像馆、最美衢州人展馆、儒学文献典藏馆、孔子学堂、少儿体验馆、风颂剧场、报告厅等,其主体部分是"东南阙里·儒风天下"主题陈列馆。

"东南阙里·儒风天下"主题陈列馆,位于中国儒学馆的一楼,面积约为2 000平方米,为中国儒学馆的核心区块之一,由两厅一长廊组成,分成"儒源·孔氏""儒脉·弘道""儒学·教化"和"儒泽·流芳"四大版块,整个建筑结构由外向内、循序渐进地依次介绍儒学的源头、发展、传承和深远影响。

中国儒学馆主题陈列馆的第一个版块是"儒源·孔氏"。一座由中国雕塑院院长、中国美术馆馆长吴为山创作的孔子半身像,直面敞开的儒学馆大门,迎接着八方游客。

儒学馆陈列馆第二个版块是"儒脉·弘道"。二三十米的长廊使得游客一步一步地了解儒家学说从内容、形式到社会功能发生的变化,中间大型的"杏坛讲学"模型,重现了孔子当年向弟子们传授知识时的场景。

儒学馆陈列馆第三个版块是"儒学·教化"。记录儒学在为人、为学、为政、为道四方面的教化影响,用 17 个典型人物及故事和经典学说,以栩栩如生的人物模型和幻影成像技术等表现手法,把儒学思想生动地传递给游客。

儒学馆陈列馆第四个版块是"儒泽·流芳"。浩浩儒风代代传,栉风沐雨几千年,"仁爱、民本、诚信、正义、和合、大同"的儒家精神,就像绵绵春雨般润泽神州大地,也如习习春风吹向世界。

落户衢州的中国儒学馆为古城增添了浓厚的儒学内涵。儒学馆正式启动后,持续推出了一系列高质量的展览、讲座、培训等活动,旨在将儒学馆打造成为具有广泛影响力、吸引力以及参与性的儒学文化源地。

第七节　文化交流

Chinese Confucianism Museum

Located in the core area of the Confucianism Culture District on Xinqiao Street, downtown of Quzhou, Chinese Confucianism Museum in Quzhou, Zhejiang Province is next to Confucius Culture Park and faces the Southern Confucius Temple and Quzhou Museum. It covers a construction area of 10,105 square meters.

Chinese Confucianism Museum serves as the experience center, exhibition center, and inheritance center of Confucianism Culture as well as the collection center of the Confucianism classics. It consists of the Exhibition Hall of Confucius Statue by Wu Weishan, the Exhibition Hall of Stories on "the Most Admirable People of Quzhou", Confucianism Literature Library, Confucianism Training Classroom, Children's Experience Room, etc. Its main part is the Southern Confucianism Theme Exhibition Hall. Chinese Confucianism Museum will serve as a widely influential, attractive, and interactive cultural platform through holding a series of high-quality exhibitions, lectures, training and experience activities.

As a vivid and effective platform to pass on and carry forward excellent Chinese traditional culture，Chinese Confucianism Museum is not only the great creation and achievement of promoting Quzhou's cultural development，but also the specific action and effective measure taken by Quzhou Municipal Government to implement General Secretary Xi Jinping's instruction on making the Southern Confucian Culture known by all. It had set a good example in implementing the instruction of Central Committee of the Communist Party of China on promoting traditional Chinese culture.

第七章

孔子的主要思想

第一节　孔子的教育学思想

孔子是中国古代伟大的思想家、政治家、教育家,儒家学派创始人,开创古代私人讲学的先例,倡导仁、义、礼、智、信,奠定了中国传统教育的基本内容和思想。

一、有教无类

孔子是第一个建立私立学校和招收各行各业学生的人。他认为人人应该接受教育,提倡有教无类,创办私学,广招弟子,不分种族、姓氏、智愚、国度、年龄等。这种教育方式打破了贵族对学校教育的垄断,把受教育的范围扩大到平民,甚至扩展到了国外,顺应了当时社会发展的趋势。

相传孔子有弟子三千,其中贤人七十二。七十二贤人中属于贵族出身的有孟懿子、南宫敬叔、孟武伯、司马牛等,属于贫民出身的有颜路、颜回、仲弓、原宪、闵子骞等。孔子甚至连颜涿聚这样的"梁父之大盗"也愿意教导。而且,孔子招收学生也是不分智愚的,如颜回、子贡较聪明,接受知识能力较强;高柴、曾参的智力不高,悟性不强。孔子招收学生也不分年龄层次,有的学生比孔子小几岁,也有比孔子年长几十岁的。孔子招收学生亦不分国度,如子贡、子夏是卫国人,陈亢是陈国人,樊迟是齐国人,子游是吴国人。

《论语》(7.7)"自行束脩以上,吾未尝无诲焉"。"束脩"指扎成一捆(十条)的干肉,是古代一种最寻常的见面礼。孔子提倡有教无类,但重视礼节,学生自觉自愿送上"束脩",表明真心前来求学的决心。"束脩"也是拜师礼,代表着求学者的学习态度和处事修养。

二、终身教育

孔子热爱学习,提倡终身教育。《论语》(4.8)子曰:"朝闻道,夕死可矣。"孔子把学习和生命视为同等重要。一生致力于仁义的追求,为追求真理,不将就,不妥协,甚至为之付出生命的代价而不惜。

孔子安贫乐道，乐于学习。《孔子家语》中，子路问于孔子曰："君子亦有忧乎？"子曰："无也。君子之修行也，其未得之，则乐其意；既得之，又乐其治。是以有终身之乐，无一日之忧。"孔子一生倡导学习，乐于学习到了废寝忘食的程度。孔子认为学习是人生主旋律，只有学习，才能有效解决各种问题。

孔子认为学习离不开思考，思考也不能脱离学习，学习要与思考紧密结合，共同作用，相辅相成，缺一不可。《论语》(15.31)子曰："吾尝终日不食，终夜不寝以思，无益，不如学也。"（孔子说："我曾经整天不吃饭、整夜不睡觉地思索，没有益处，还不如去学习。"）孔子的这句话说明学与思的辩证关系，学习是思考的基础，思考能让学习有效发生。《论语》(2.15)子曰："学而不思则罔，思而不学则殆。"（孔子说："学习而不思考就会迷惑而无所得，思考而不学习就会精神疲惫而疑惑不解。"）

三、因材施教

这里的因材施教是指依据学生的个性和成长经历而教。孔子是中国历史上第一个提出"性相近，习相远"的人。孔子认为人的自然素质相似，其差异主要是与后天成长环境和接受教育的程度有关，这也是孔子因材施教的理论基础的雏形。

孔子针对不同的受教者施以不同的教导。孔子深刻地认识到人的差异性在教育中的重要性，包括性格、资质、环境等。他重视发挥人的潜能，尊重学习者个体成长需求，注重教学效果，推动了古代教育的发展。《论语》(11.22)子路问："闻斯行诸？"子曰："有父兄在，如之何其闻斯行之？"冉有问："闻斯行诸？"子曰："闻斯行之。"公西华曰："赤也惑，敢问。"子曰："求也退，故进之；由也兼人，故退之。"这些对话展现了孔子娴熟于因材施教的教育理念和善于知人论事的教学策略，为中国古代教育的发展奠定了基础。

四、启发式教学法

孔子最早提出启发式教学法，认为教师应该在学生认真思考，并已达到一定程度时恰到好处地进行启发和开导。

《论语》(7.8)子曰："不愤不启，不悱不发。举一隅不以三隅反，则不复也。"这是一种典型的启发式的教学思想。启发式教学法既是一种教学方法，亦是一种学习方法，旨在激发学生主动思考，发挥学生的主观能动性，要求学生做到融会贯通、举一反三。

孔子的启发式教学原理内涵丰富,主要包含四层意思:一是学生自己要主动思考;二是教学效果可以通过启发式提高;三是反对灌输,倡导适时启发;四是启发式教学的目的和结果是学生能主动学习且举一反三。

孔子运用各种教学方法不仅培养了大批贤能人士,而且在实践基础上提出了教育学说,为中国古代教育奠定了理论基础、提供了宝贵经验。孔子去世后,其弟子及再传弟子把孔子及其弟子的言行和思想记录下来,整理编成语录文集《论语》。《论语》主要以语录和对话文体的形式记录了孔子及其弟子的言行。《论语》集中体现了孔子的儒家思想,因而该书被奉为儒家经典。学习《论语》有助于躬身自省、成己成人,使个人、家庭、社会、世界保持和谐。毋庸置疑,孔子思想不管过去还是现在,依然对中国和世界有着深远的影响,孔子也因此被列为"世界十大文化名人"之一。

第二节　平凡生活中的孔子

孔子不仅是中国历史上伟大的思想家、政治家、教育家,更是平凡生活的智者,有着凡夫俗子的喜怒哀乐和七情六欲。

一、孔子的忧虑

《论语》(15.19)子曰:"君子病无能焉,不病人之不己知也。"(孔子说:"君子担心自己没有才能,不担心别人不知道自己。")孔子忧虑的是自己无能,不是自己是否出名,强调了孔子的自律和自谦。

《论语》(7.3)子曰:"德之不修,学之不讲,闻义不能徙,不善不能改,是吾忧也。"孔子对个人修养提出了四条建议:一是不断加强个人道德修养;二是勤奋好学;三是通过实践将知识转变成能力;四是知错能改。这四条建议如果能严格落实,就会使人不断进步,实现自我完善。

《论语》(15.20)子曰:"君子疾没世而名不称焉。"(孔子说:"君子担心死后自己的名字不被人称道。")有理想、有抱负的人,把提高个人修养和传名于后世作为自己进步的动力。这样不仅能激励自己全面发展,为人类的进步而努力,而且是孝敬父母的具体体现。孔子立志扬名于后世,成圣成贤,因而发愤忘食,乐以忘忧。《孝经》云:"立身行道,扬名于后世,以显父母,孝之终也。"("立身处世、践行正确的理想,扬名于后世,使家族得以显耀,这是孝的最高层次。")

二、孔子的理想

孔子的理想社会是所有百姓安居乐业。《论语》(5.26)子曰:"老者安之,朋友信之,少者怀之。"(孔子说:"我的志向是让年老的安享晚年,让朋友们信任我,让年轻的子弟们得到关怀。")孔子的个人理想是天下没有争斗,天下和谐。《论语》(11.26)曾皙曰:"莫春者,春服既成,冠者五六人,童子六七人,浴乎沂,风乎舞雩,咏而归。"夫子喟然叹曰:"吾与点也。"曾皙所描述的理想生活既有浓厚的生活气息,又极具诗意,人人向往,也是孔子希望天下百姓过上的好日子。孔子的人生理想是大公无私、天下大同的和谐社会。

三、孔子的爱好

孔子热爱学习。《论语》(4.8)子曰:"朝闻道,夕死可矣。"《论语》(5.28)子曰:"十室之邑,必有忠信如丘者焉,不如丘之好学也。"(孔子说:"在只有十户人家的小地方,一定有像我孔丘这样又忠心又守信的人,只是赶不上我这样好学罢了。")孔子之所以被世人尊为学识渊博的"万世之师",很大程度上是因为孔子好学。《论语》(7.20)子曰:"我非生而知之者,好古,敏以求之者也。"(孔子说:"我并不是生下来就有知识的人,而是喜好古代文化、勤奋敏捷去求取知识的人。")

孔子酷爱音乐。《论语》(7.32)子与人歌而善,必使反之,而后和之。(孔子与别人一起唱歌,如果唱得好,一定请他再唱一遍,然后自己又和他一起唱。)孔子喜欢音乐,对音乐有浓厚的兴趣,且保持谦虚好学的态度。《论语》(7.22)子曰:"三人行,必有我师焉。择其善者而从之,其不善者而改之。"(孔子说:"三个人同行,其中必定有人可以作为值得我学习的老师。我选取他的优点而学习,如发现他的缺点则引以为戒并加以改正。")孔子之所以能成为伟大的思想家和教育家,离不开这种谦虚好学的精神。孔子爱学、善学、乐学。

任何领域的知识,只要沉浸其中,必有乐趣。孔子对音乐的热爱和痴迷,使得他对乐曲有极强的鉴赏力。《论语》(7.14)子在齐闻《韶》,三月不知肉味,曰:"不图为乐之至于斯也。"(孔子在齐国听到《韶》这种乐曲后,很长时间内即使吃肉也感觉不到肉的滋味,他感叹道:"没想到音乐欣赏竟然能达到这样的境界!")《论语》(3.25)子谓《韶》:"尽美矣,又尽善也。"谓《武》:"尽美矣,未尽善也。"(孔子评论《韶》,说:"乐曲美极了,内容也好极了。"评论《武》,说:"乐曲美极了,内容还不是特别完美。")孔子对音乐的喜爱以及鉴赏能力非一般人能企及。

四、孔子的生活

孔子生活悠闲。不以物喜,不以己悲。在家时,心情愉悦,身心放松。《论语》(7.4)子之燕居,申申如也,夭夭如也。(孔子在家闲居的时候,穿戴很整齐,态度很温和。)由此可见,孔子即便在闲居时,也十分注意个人行为和思想修养。

孔子日常做人低调,对百姓谦恭。《论语》(10.1)孔子于乡党,恂恂如也,似不能言者。其在宗庙朝廷,便便言,唯谨尔。(孔子在家乡与乡亲们说话时,非常恭顺,好像不太会说话的样子。在宗庙和朝廷里,说话明白而流畅,只是说得很谨慎,注意分寸。)

五、孔子的自谦

孔子为人谦虚,低调做人。《论语》(14.28)子曰:"君子道者三,我无能焉:仁者不忧,知者不惑,勇者不惧。"(孔子说:"君子所循的三个方面,我都没能做到:仁德的人不忧愁,智慧的人不迷惑,勇敢的人不惧怕。")

孔子虽然仕途不顺,但他并没有怨天尤人、愤世嫉俗,而是坦然应对。一方面通过发奋学习,提高自己的能力;另一方面,通过不断自省,提高自己的修养。《论语》(4.14)子曰:"不患无位,患所以立。不患莫己知,求为可知也。"(孔子说:"不愁没有职位,只愁没有足以胜任职务的本领。不愁没人知道自己,应该追求能使别人知道自己的本领。")孔子教育我们要耐得住寂寞,把精力用在提高自己的能力和修养上。《论语》(4.17)子曰:"见贤思齐焉,见不贤而内自省也。"(孔子说:"看见贤人就应该想着向他看齐;见到不贤的人,就要反省自己有没有类似的毛病。")孔子在不断反省中提高自己的修养境界。

六、孔子的自律

孔子自律性强,对自己要求苛刻。子曰:"默而识之,学而不厌,诲人不倦,何有于我哉?"这句话不仅体现孔子的谦虚,也可见他对自己的高标准要求。

人人都有妄加猜测、主观武断、固执己见和自以为是的毛病,只是程度不一而已,这四种毛病恰是人生苦恼的主要源泉。孔子要求自己杜绝这四种毛病。《论语》(9.4)子绝四:毋意、毋必、毋固、毋我。

孔子敬畏祭祀,心存仁爱;热爱和平,关爱生命。《论语》(7.13)"子之所慎:斋、战、疾。"这些话题直接关系到人的生死,不可不慎。

孔子在日常生活中也极其自律。《论语》(10.10)"食不语,寝不言。"(吃饭的时候不谈话,睡觉的时候不言语。)《论语》(10.11)"虽疏食菜羹,瓜祭,必齐如也。"(即使是粗米饭蔬菜汤,吃饭前也要先把它们取出一些来祭祀一番,而且祭祀要像斋戒时那样严肃恭敬。)《论语》(10.12)"席不正,不坐。"(坐席不端正,就不入席。)坐席正既是一种礼仪,也是一种修养,这些都是孔子自律的表现。孔子的自律行为,既体现出孔子有极高的自我修养,又体现出孔子热爱生命,重视养生。

总之,孔子不仅是一位伟大的思想家、政治家和教育家,而且还是一位活泼可爱、栩栩如生的生活智者,是一位活灵活现的凡夫俗子,是现代人学习的榜样。

第三节　孔子安贫乐道

安贫乐道的核心思想是"乐道",而不是"安贫"。"安贫"并非安于贫困,而是以平和的态度正确对待自身的环境;"乐道"是指以坚守自己的信念和从事喜爱的事业为乐趣。安贫乐道不是拒绝富贵,死守贫穷,也不是越穷越光荣,而是在恶劣环境下,根据现实条件安排好自己的学习、工作和生活,保持平和的心态,充实并快乐地从事自己喜爱的事业。

孔子倡导安贫乐道的思想,赞赏为守道而坦然面对贫穷的精神境界。孔子弟子三千,但他较为喜欢颜回,就是因为颜回不仅能身处贫穷而不动摇追求大道的信念,而且还能保持饱满的精神状态。《论语》(6.11)子曰:"贤哉回也! 一箪食,一瓢饮,在陋巷,人不堪其忧,回也不改其乐。贤哉,回也!"(孔子说:"真是个大贤人啊,颜回! 用一个竹筐盛饭,用一只瓢喝水,住在简陋的巷子里。别人都忍受不了那穷困的忧愁,颜回却能照样快活。真是个大贤人啊,颜回!")

孔子以身作则,拥有安贫乐道的境界。《论语》(7.16)子曰:"饭疏食,饮水,曲肱而枕之,乐亦在其中矣。不义而富且贵,于我如浮云。"(孔子说:"吃粗粮,喝清水,弯起胳膊当枕头,这其中也有着乐趣。而通过干不正当的事得来的富贵,对于我来说就像浮云一般。")

孔子虽然不排斥财富与官位,但是他坚持原则和道义。如果违反道义而获得富贵,他绝对不接受。《论语》(4.5)子曰:"富与贵,是人之所欲也;不以其道得之,不处也。贫与贱,是人之所恶也;不以其道得之,不去也。君子去仁,恶乎成名? 君子无终食之间违仁,造次必于是,颠沛必于是。"(孔子说:"金钱和地位,是每个人都向往的,但是,以不正当的手段得到它们,君子不享受。贫困和卑贱,是人们所厌恶的,但是,不通过正当的途径摆脱它们,君子是不会摆脱的。君子背离了仁的准则,怎么能够成名呢? 君子不会有吃一顿饭的时间离开仁德,即使在匆忙紧迫的情况下也一定要遵守仁的准则,在颠沛流离的时候也和仁同在。")

孔子志于求道,乐在其中。孔子视富贵如浮云,不为名利所牵绊。《孔子家语》中,子路问于孔子曰:"君子亦有忧乎?"子曰:"无也。君子之修行也,其未得之,则乐其意;既得之,又乐其治。是以有终身之乐,无一日之忧。小人则不然,其未得也,患弗得之;既得之,又恐失之,是以有终身之忧,无一日之乐也。"(子路有一次向孔子求教说:"夫子,君子也有忧愁烦闷的时候吗?"孔子回答道:"没有。君子修身养性,他在求学的过程中,便专志于求道,时常会有悟处,乐在这其中的意境;而当亲身体证到圣贤教诲之后,又乐于所得到的道德学问,并能在生活中善巧地运用,随意自在。因此,他有终身的快乐,而没有一日的忧愁。不注重道德修养的人却不这样,在没有得到的时候,一直担忧,希望得到;得到了之后,又唯恐失去,提心吊胆。对于一切总是患得患失,因此一生都生活在担忧恐惧之中,没有一天的自在快乐。")可见,孔子以君子境界为修行的目标,乐在其中。

孔子坚持安贫乐道的思想,为了追求道,身处贫困也不改初心。《论语》(15.32)子曰:"君子谋道不谋食。耕也,馁在其中矣,学也,禄在其中矣。君子忧道不忧贫。"(孔子说:"君子谋求的是道而不去谋求衣食。耕作,常常会有饥饿;学习,往往得到俸禄。君子担忧是否能学到道,不担忧贫穷。")在孔子看来,追求更高的精神境界才能体现生命的意义与价值。

孔子即使面对食不果腹的艰难处境,也坚持仁道,固守正道。《论语》(15.2)在陈绝粮,从者病,莫能兴。子路愠见,曰:"君子亦有穷乎?"子曰:"君子固穷,小人穷斯滥矣。"(孔子在陈国断绝了粮食,跟从的人都饿病了,躺着不能起来。子路生气地来见孔子说:"君子也有困窘没有办法的时候吗?"孔子说:"君子在困窘时还能固守正道,小人一困窘就会胡作非为。")

孔子安贫乐道的境界是常人无法企及的。《论语》(7.19)叶公问孔子于子路,子路不对。子曰:"女奚不曰:其为人也,发愤忘食,乐以忘忧,不知老之将至云尔。"(叶公问子路孔子是个怎样的人,子路没有回答。孔子说:"你为什么不这样说:他是这样的人,发奋用功到连吃饭都忘了,快乐得忘记了忧愁,不知道衰老将要到来,如此等等。")孔子一生孜孜不倦地求知,追求大道。

第四节　孔子修己以安人成仁

孔庙中的匾额和楹联无不体现出孔子的一生是在"发愤忘食、追求仁德、乐以忘忧"中度过,志在安百姓,实现天下大同,人人幸福。

孔子心中有目标,热爱学习。《论语》(2.4)子曰:"吾十有五而志于学,三十而立,四十而不惑,五十而知天命,六十而耳顺,七十而从心所欲,不逾矩。"(孔子说:"我十五岁立志学习,三十岁在人生道路上站稳脚跟,四十岁心中不再迷惘,五十岁知道上天给我安排的命运,六十岁听到别人说话就能分辨是非真假,七十岁能随心所欲地说话做事,又不会超越规矩。")孔子终生都在不断追求中完善自己的道德修养,不断成长。

孔子志于王道,修己以安百姓。《论语》(14.42)子路问君子,子曰:"修己以敬。"曰:"如斯而已乎?"曰:"修己以安人。"曰:"如斯而已乎?"曰:"修己以安百姓。修己以安百姓,尧、舜其犹病诸!"(子路问怎样做才是君子,孔子说:"修养自己以做到恭敬认真。"子路说:"像这样就可以了吗?"孔子说:"修养自己并且使别人安乐。"子路又问:"像这样就可以了吗?"孔子说:"修养自己并且使百姓安乐。修养自己,使百姓都安乐,尧、舜大概都很难完全做到吧!")君子要注重修身,从自己做起,恭敬待人,这是立身处世和贡献社会的根本,其实就是修身、齐家、治国、平天下。修己就是修身,安人就是使天下百姓安居。君子的个人修养提高的过程就是追求个人修身、实现理想与天下归仁德有机统一的渐进过程。

孔子有大志向,心中是他人。《论语》(5.26)颜渊、季路侍,子曰:"盍各言尔志?"子路曰:"愿车马、衣轻裘与朋友共,敝之而无憾。"颜渊曰:"愿无伐善,无施劳。"子路曰:"愿闻子之志。"子曰:"老者安之,朋友信之,少者怀之。"(颜渊、子路两人侍立在孔子身边。孔子说:"你们何不各自说说自己的志向?"子路说:"愿意拿出自己的车马、衣服、皮袍,同我的朋友共同使用,用坏了也不抱怨。"颜渊说:"我愿意不夸耀自己的长处,不表白自己的功劳。"子路向孔子说:"愿意听听您的志向。"孔子说:"我的志向是让年老的安享晚年,让朋友们信任我,让年轻的子弟们得到关怀。")

孔子致力于君子的境界。《论语》(14.28)子曰:"君子道者三,我无能焉:仁者不忧,知者不惑,勇者不惧。"子贡曰:"夫子自道也。"(孔子说:"君子所循的三个方面,我都没能做到:仁德的人不忧愁,智慧的人不迷惑,勇敢的人不惧怕。"子贡说道:"是老师对自己的描述。")孔子提出仁、智、勇三条作为君子的标准。仁爱的人不忧愁,智慧的人不迷惑,勇敢的人不畏惧,这也是中国传统文化中的核心思想之一。孔子一生都在追求最高境界,永不懈怠、永不满足。

第五节　文化交流

Confucius Cultivating Himself to Give Ease to All People

All the plaques and couplets in the Confucius Temple show that Confucius spent his whole life in cultivating himself to give ease to all people across the state, so he was diligent enough to forget hunger and happy enough to forget worries, aiming at the common people and realizing the world's great harmony and everyone's happiness.

First of all, Confucius had a purpose of life and a love of learning.

The Master said, "At the age of 15 I was committed to learning. At thirty I established myself. At forty I was free of perplexities. At fifty I knew the will of Heaven. At sixty I learned to give ear to others. By seventy I could follow my heart without overstepping the line." Confucius spent his whole life in pursuit of perfecting his moral cultivation and growing up.

Secondly, Confucius devoted himself to the Way and cultivating himself to give ease and happiness to all people across the state.

Zilu asked Confucius about the nature of the gentleman. The Master said, "He trains himself to show reverence for others." Zilu asked, "Is that all?" The Master said, "He trains himself to give ease to others." Zilu again asked, "Is that all?" The Master said, "He trains himself to give ease to all people across the state. Talking about training himself to give ease to all people across the state, even the sages Yao and Shun found it hard to make."

Confucius told us that a gentleman should pay attention to self-cultivation, start from himself, and treat others with respect. This is the foundation of living in the world and contributing to society. Cultivating oneself is self-cultivation and giving ease to others is offering comfort to common people. Improving one's virtue is a progressive process which involves training oneself, pursuing the ideal and achieving the harmonious society.

Thirdly, Confucius has great aspirations and put others in the first place in mind.

Once, when Yan Hui and Zilu were accompanying him, the Master said, "Why don't each of you tell me your aspirations? Zilu said, "I am willing to share my horse-drawn carriages and fine clothes with my friends and never complain even if they wore them out." Yan Hui said, "I would like never to boast of what good points I have and never exaggerate my achievements." Zilu said, "I would like to hear the Master's aspirations?" The Master said, "I would like the elderly to live in peace and comfort, friends to live in mutual trust, and the young to live in care and assistance."

Last but not least, Confucius was committed to becoming a gentleman.

The Master said, "The way of the gentleman is threefold, and I fail in all of them. The virtuous are free from anxiety; the wise from perplexities; and the bold from fear." Zigong objected to saying, "But that is exactly your own way, Master!"

Confucius put forward three principles of benevolence, wisdom, and courage as the standards of a gentleman. A benevolent person is not sad, a wise person is not confused, and a brave person is not afraid. This is also one of the core ideas in traditional Chinese culture.

Confucius pursued the highest state all his life, never slack and never satisfied.

第八章

南孔圣地宣传语、城市名片和南孔书屋

第一节 南孔圣地宣传语

一、南孔圣地,衢州有礼

"南孔圣地,衢州有礼"的宣传口号,赋予衢州独特城市定位和深厚人文底蕴。从城市定位看,素有"孔庙千百家,家庙仅两家"之说,衢州作为南宗家庙所在地,有其圣的渊源、奇的魅力。从文化资源看,衢州是我国唯一的"有人有庙"的城市。提出"南孔圣地,衢州有礼"城市品牌,也是推动优秀传统文化在衢州创造性转化、创新性发展的举措。

二、儒雅南孔地,奇秀古衢城

"儒雅南孔地,奇秀古衢城",上句写的就是孔氏南宗家庙,下句"奇秀"二字概括了衢州著名自然景观的特点,"古"字道出了衢州是座有着非常长远的历史和丰厚的文化底蕴的城市。

三、衢通四方,儒传天下

衢州地理位置优越,四省通衢,历来就是兵家必争之地,可以说是通四方的好地方,再加上衢州的开头"衢"字,便组成了前一句"衢通四方"。而后一句"儒传天下",是说南孔文化在衢州生根发芽,广为天下所知,衢州一代代人努力把儒家文化发扬光大。

四、橘海仙山,仁爱衢州

"橘海"指衢州,中国橘子之乡;"仙山"指烂柯山,素有"围棋仙地"之美称,也有王质遇仙的传奇故事。"仁爱",儒文化的核心为"仁","仁爱"亦是孔子认为的理想人格,也指衢州近年来涌现的"最美人物""最美现象"。

五、东南阙里,钱江源头

"东南阙里"表达了衢州是座历史文化名城,南宗孔庙在衢州,这也是文化衢州最为响亮和过硬的名片;"钱江源头"表达了衢州是浙江母亲河钱塘江源头的千年古城,整句把衢州历史与自然、文化与山水相连,是衢州城的整体缩影。

六、古城新韵,幸福衢州

衢州是古城,有1800多年的建城史,自古就非常有名,历史上一直是闽浙赣皖四省边际交通枢纽和物资集散地,素有"四省通衢、五路总头"之称。在新时代新环境下,衢州人民努力实干,民风淳朴。衢州今年不断加快发展,获得多项荣誉称号,衢州古城绽放了新的风采,是一座幸福感十足的城市。

七、八方宜居城,儒家千年蕴

"八方"指四省通衢,衢州地理位置好。"宜居城"是衢州被评为中国十大宜居城市之一。"儒家"指孔家学说,"千年蕴"既指孔子学说的源远流长,又指衢州悠久的历史文明。这句话道出了衢州山清水秀,儒家文化悠久。

八、仙棋圣地,唯美衢州

"仙"指的是以江郎山为代表的仙境般的衢州自然景观、生态特色;"棋"指的是烂柯山的围棋文化。"圣"指的是以孔庙文化为代表的衢州人文底蕴;"地"指的是衢州的地理位置,四省通衢,乃兵家必争之地。衢州的森林、绿地覆盖率、空气指数、饮用水清洁度、城市安全指数等项目优于"中国十佳宜居城市"的相关标准。衢州地处钱塘江上游、浙皖闽赣边际,坐拥国家生态示范区、国家园林城市等美誉,是一座美丽的城市。

九、活力新衢州,美丽大花园

衢州是长三角城市经济协调会、杭州都市圈成员,也是浙江乃至整个长三角地区向中国中西部内陆地区辐射的桥头堡。2018年,衢州获联合国"国际花园城市"称号。以此为契机,衢州正在全力打造"活力新衢州,美丽大花园",培育花园式的环境、花园式的产业、花园式的治理,打造自然的花园、成长的花园、心灵的花园。

第二节　南孔圣地城市名片

国家历史文化名城

National Famous Historical & Cultural City

中国优秀旅游城市

Top Tourist City of China

国家生态示范区

National Eco-Demonstration Zone

国家卫生城市

National Health City

国家森林城市

National Forest City

国家园林城市

National Garden City

国家级经济技术开发区

National Economic & Technical Development Zone

国家高新技术产业开发区

National High-Tech Industrial Development Zone

全国森林旅游示范市

National Forest Tourist Demonstration City

全国水生态文明城市

National Water-Eco Civilized City

世界长寿之都

World Longevity City

国家生态文明建设示范市

National Ecological Civilization Construction Demonstration City

国际花园城市

International Garden City

中国十大宜居城市

One of the Top 10 Most Livable Cities in China

中国投资环境百佳市

One of the Top 100 Investment Friendly Cities in China

国家首批全民运动健身模范市

One of China's first "Sports and Fitness for All" Model Cities

钱江源国家公园体制试点

Pilot Project of the Qianjiangyuan National Park System

国家绿色金融改革创新试验区

National Pilot Zone of Green Financial Reform and Innovation

全国第一批"绿水青山就是金山银山"实践创新基地

The First Batch of China's Practice and Innovation Bases for the Implementation of Xi Jinping's Green Development Policy "Lucid Waters and Lush Mountains are Invaluable Assets"

全国文明城市

National Civilized City

全国营商环境标杆城市

National Business Environment Benchmark City

全国社会信用体系建设示范区

National Social Credit System Construction Demonstration Zone

第三节 南孔书屋

　　为了彰显"南孔圣地,衢州有礼"的城市品牌,衢州新建的城市书屋定名为"南孔书屋",也名"南孔爷爷的书屋",由孔子第七十五代嫡长孙孔祥楷先生题写,所有书屋统一品牌、统一标志、统一服务标准,形成衢州自己的公共文化服务品牌(图 8-1)。南孔书屋的建设被列为市政府为民办实事项目之一,向市民免费开放,成为喧闹城市中的一方"文化绿洲"。

图 8-1 南孔书屋

南孔书屋是城市书屋在衢州特殊的展现形式。南孔书屋作为国内图书馆界近年来推出的一种新型全民阅读公共文化服务模式,通过智能系统实现办证与借还图书全自动模式,为市民朋友营造温馨惬意的阅读环境,提供 24 小时全天候阅读的优良场所,在衢州市内广受欢迎与好评,获得了很高的市民认可度。南孔书屋的目的,是通过大力推进全民阅读,进一步彰显衢州城市的特色魅力,打响城市品牌,吸引集聚人气。书香满城、全民阅读,让市民读起来,读起来更有礼、读起来更美好、读起来更文明。

南孔书屋门头采用新中式风格,书屋内设计新颖,书籍排放整齐,入口处还配备了自助办证机、自助借还机、电子书借阅机等智能化设备,市民只需凭借身份证,就可办理自助借书卡,实现自助借、还书,并可在市本级各书屋实现通借通还,到 2020 年全市已建成 30 家以上。

随意走进一家南孔书屋,屋内暖黄色的温馨灯光提供了优良的照明条件,与摆放的绿色植物相互映衬,让人赏心悦目。南孔书屋内设立了多个阅读区域,可借阅书籍已经达到了 7 000 余册,种类也非常丰富,包含文学、历史地理、哲学宗教、文化科学、少儿图书等各类书籍,应有尽有,满足市民的多样化借阅需求。

南孔书屋内设有:"书香有礼"专柜。"书香有礼"专柜是衢州南孔书屋的特色产物,包含许多历史文化与名人名胜书籍,涵盖了丰富的南孔文化,为衢州市民提供衢州文化特色资讯。开设至今,书籍数量已达 60 册。

南孔书屋结合衢州"信用城市"的打造,倡导诚实守信的价值观。在原有免费借阅、免交滞纳金等政策的基础上,实行免押金办证,实现了图书馆免费公共服务的全面化,同时也把读者信息纳入市政府大数据平台监管。

总而言之,南孔书屋力求呈现五大特色:借还自助化、环境舒适化、藏书特色化、免费全覆盖、管理社会化。南孔书屋为衢州市民提供了心灵的休憩之所,搭建起市民的文化需求与图书馆服务之间的最后一道桥梁,便捷、舒适、高效。在衢州,南孔书屋是和衢州城市的底蕴一脉相承的,这样的公共服务不仅能延续文脉,也能温暖人心。

第四节　文 化 交 流

Southern Confucianism Bookroom

Quzhou, Home of Southern Confucianism, Model City of Virtue. Quzhou is a city of virtue. Quzhou is the most courteous city in which citizens love to read, read good books. In order to highlight the city brand of "Quzhou, Home of Southern Confucianism, Model City of Virtue.", the new city bookstore in Quzhou is named "Southern Confucianism Bookroom", also known as "Grandpa Confucius's Bookstore", which is inscribed by Mr. Kong Xiangkai, the 75th generation grandson of Confucius. All the bookrooms have a unified brand, a unified logo and a unified service standard, forming Quzhou's own brand of public cultural services. The construction of Southern Confucianism Bookrooms is listed as one of the practical projects of the municipal government for the people, and it is open to the public for free, becoming a "cultural oasis" in the noisy city.

Southern Confucianism Bookroom is a special form of city bookstore in Quzhou. As a new public cultural service model of reading for all, it was launched in recent years, Southern Confucianism Bookroom realizes the fully automatic mode of issuing and returning books through the intelligent system, creates a warm and pleasant reading environment for citizens and provides an excellent place for 24-hour all-weather reading, which is widely popular and well-received in Quzhou and has gained a high degree of public recognition. The purpose of the Southern Confucianism Bookroom is to further highlight the charm of Quzhou city by vigorously promoting reading for all people, and to promote the city brand and attract popularity. The city is bathed in book fragrance and all people are reading, which will promote the city to become more courteous, more beautiful and more civilized.

The entrance of the Southern Confucianism Bookroom adopts a new Chinese style with a novel design. The books in the bookroom are neatly arranged, the entrance is also equipped with self-service card machines, self-service lending and returning machines, e-book lending machines and other intelligent equipment and the public can apply for self-service library card visa ID cards to have access to self-service borrowing and returning books and books can be borrowed and returned in any bookroom in the city. By 2020, the city has built more than 30 bookrooms.

When you walk into a Southern Confucianism Bookroom, the warm yellow light inside the house provides excellent lighting conditions, and the green plants in it are giving people a sense of relaxation. There are several reading areas in any bookroom, and the number of books available for borrowing has reached more than 7,000, and the book variety is very rich including literature, history and geography, philosophy and religion, culture and science, children's books, etc. All kinds of books are available to meet the diversified borrowing needs of the public.

One of the characteristics of the bookroom: A counter for local culture books. The counter for local culture books is the characteristic product of Southern Confucianism Bookroom, containing many books on history and culture and famous people, covering the rich culture of Southern Confucianism and providing Quzhou citizens with information on the cultural characteristics of Quzhou. The number of books has reached 60 since its opening.

Another feature of the Southern Confucianism Bookroom is that it is combined with the creation of Quzhou's "Credit City" to advocate the value of honesty and trustworthiness. On the basis of the original policy of free lending and exemption from late payment, the library has implemented the free deposit card to realize the comprehensive free public services, and also incorporated the readers' information into the big data platform of the municipal government for supervision.

All in all, the Southern Confucianism Bookroom presents five main features: self-help lending and returning, comfortable environment, special collection, free full coverage, and social management. Southern Confucianism Bookroom provides a place to feel tranquil in mind for Quzhou citizens and builds the last bridge between the cultural needs of citizens and library services, which is convenient, comfortable and efficient. In Quzhou, the Southern Confucianism Bookroom is in line with the heritage of Quzhou city. Such a public service not only carries the cultural legacy, but also warms the hearts of the people.

参 考 文 献

［1］Watson，B. *The Analects of Confucius*. New York：Columbia University Press，2007.

［2］刘小成,吴锡标.孔氏南宗[M].杭州：浙江大学出版社,2016.

［3］徐宇宁.衢州简史[M].杭州：浙江人民出版社,2008.

［4］历琳.孔子智慧故事[M].束慧娟译.上海：上海外语教育出版社,2010.

［5］李长之.孔子的故事[M].北京：台海出版社,2021.

［6］高启华.历史文化名城衢州[M].杭州：浙江人民出版社,2004.

［7］孔子.论语：英汉对照/(春秋)[M].(英)理雅各译.郑州：中州古籍出版社,2016.

［8］胡敏.论语：汉英对照[M].(英)保罗·怀特译.北京：外文出版社,2019.

［9］陈峻文.衢州[M].北京：生活·读书·新知三联书店,2004.

［10］吴锡标,刘小成,张俊岭,等.孔氏南宗研究[M].北京：国家图书馆出版社,2015.

［11］浙江省衢州市教育局教研室.薪火相传[M].杭州：浙江科学技术出版社,2019.

［12］浙江省衢州市教育局教研室.东南阙里[M].杭州：浙江科学技术出版社,2019.

［13］丁启陈.孔子真相[M].北京：企业管理出版社,2017.

［14］姚晓燕.论颜回"安贫乐道"精神的时代意义[J].新校园.2021(5).

［15］戴庆."孔颜乐处"与儒学的内圣化转向[J].枣庄学院学报.2021(5).